Kulinarische Erlebnisse

Ursula Heinzelmann

Kulinarische Erlebnisse

Meine Rezepte aus der
Frankfurter Allgemeinen Sonntagszeitung

THORBECKE

Für Ebba und Nadine – sie wissen warum.

Mix
Produktgruppe aus vorbildlich
bewirtschafteten Wäldern und anderen
kontrollierten Herkünften
www.fsc.org   Zert.-Nr. GFA-COC-001890
©1996 Forest Stewardship Council

Für die Schwabenverlag AG ist Nachhaltigkeit ein wichtiger Maßstab ihres Handelns.
Wir achten daher auf den Einsatz umweltschonender Ressourcen und Materialien.
Dieses Buch wurde auf FSC-zertifiziertem Papier gedruckt. FSC (Forest Stewardship Council)
ist eine nicht staatliche, gemeinnützige Organisation, die sich für eine ökologische und sozial
verantwortliche Nutzung der Wälder unserer Erde einsetzt.

Bibliografische Information der Deutschen Nationalbibliothek
Die Deutsche Nationalbibliothek verzeichnet diese Publikation in der Deutschen Nationalbibliografie;
detaillierte bibliografische Daten sind im Internet über http://dnb.d-nb.de abrufbar.

© 2010 by Jan Thorbecke Verlag der Schwabenverlag AG, Ostfildern
www.thorbecke.de · info@thorbecke.de

Layout: Finken & Bumiller, Stuttgart
Bilder: Andre Baranowski/Stockfood (47) // Ebba D. Drolshagen (Umschlagrückseite) // Barbara Ehlert (9–11, 13–16, 18, 19,
50, 51, 77–79, 81–83, 86, 87, 95–97, 99, 101–103, 113–115) // Ursula Heinzelmann (97) // Matthias Lüdecke (20, 22–25, 33–39,
41–46, 53–58, 68–74, 117–119) // Daniela Naumann (Umschlagvorderseite) // Christian Thiel (27–31, 61–67, 105–108, 110) //
Julia Zimmermann (88, 90–93)
Gesamtherstellung: Jan Thorbecke Verlag, Ostfildern
Hergestellt in Deutschland
ISBN 978-3-7995-0867-4

Inhalt

EINLEITUNG

Der vielzitierte kluge Kopf der FAZ-Leser darf sonntags entspannen und in der FAS alles ein wenig lockerer angehen, ohne jedoch auf Intelligenz und Exaktheit zu verzichten. Ich schreibe für die Frankfurter Allgemeine Sonntagszeitung seit der ersten Ausgabe im September 2001 und bin sehr dankbar für diese ganz besondere Plattform. Denn unter der Ägide von Alexander Marguier, der das Ressort Gesellschaft bis vor Kurzem leitete, hat sich in dieser Zeit in Resonanz auf die Leserschaft auch eine - wie ich meine - ganz besondere Form von kulinarischen Artikeln entwickelt: informativ, unkompliziert, inspirierend – und so nah wie möglich am täglichen Leben.

Kochen ist wie Yoga: Man muss voller Konzentration bei der Sache und doch ganz gelassen sein, damit daraus Erbauung für Körper und Geist und ein tatsächliches kulinarisches Erlebnis wird. Wie die FAS-Lektüre insgesamt sollen auch die Rezepte anregen, Möglichkeiten aufzeigen und doch Raum für die eigene Meinung lassen. Es sind unkomplizierte Anleitungen für unterschiedlichste Gerichte, die sämtlich in meinem eigenen kulinarischen Alltag wurzeln. Sie funktionieren, weil ich sie oft und gern selbst koche, mit ihnen lebe, sie erlebe. Deshalb spiegeln sie natürlich meine Vorlieben und Gewohnheiten wider: Ich esse Gemüse mindestens genauso gern wie Fleisch, lebe mitten in Berlin und bin mit einem Engländer verheiratet. Ich verwende gute Produkte, aber keine übertuerten oder schwer zu beschaffenden Luxuszutaten, arbeite ohne Profitricks oder

teure technische Gimmicks. Meine Küche ist kein chromblitzendes Hightechlabor mit einer ganzen Hilfsmannschaft, sondern eine ganz normale Haushaltsküche. Auch die Fotos entstehen hier. Gewissermaßen in Echtzeit, ohne Studio- oder Foodstyling-Tricks zeigen sie exakt und wahrheitsgetreu, was ich gekocht habe und essen werde. Barbara Ehlert, Matthias Lüdecke, Christian Thiel und Julia Zimmermann haben diese fotografische Herausforderung mit sehr viel Geduld, Hingabe und Können bestens gemeistert.

Nun ist aber selbst die FAS letztendlich auch nur eine Zeitung, nämlich auf dünnem, einfachem Papier gedruckt oder auf dem Bildschirm flimmernd. Rezepte hingegen sollten küchentauglich sein, müssen Fettspritzer verkraften und mit einem Griff zur Hand sein. Nicht ganz uneigennützig finde ich es daher wunderbar, dass der Thorbecke-Verlag eine Auswahl von zwanzig Themen und den dazugehörigen Rezepten hiermit als Buch veröffentlicht. Daniela Naumann hat Texte und Rezepte mit großer Akribie lektoriert, Zeugnis ihres Engagements ist nicht zuletzt das von ihr erdachte und erstellte Foto auf dem Cover – die Autorin dankt! Und hat im Gegenzug noch so manches neue Rezept beigesteuert, sozusagen als Zugabe für die ganz treuen FAS-Leser, die vielleicht tatsächlich alle Zeitungsausschnitte säuberlich gesammelt haben.

Alles in diesem Buch ist nach bestem Wissen und Gewissen ge- und beschrieben und basiert wie gesagt auf meiner eigenen Erfahrung in Töpfen und Pfannen. Doch wie beim Yoga sind Worte auch beim Kochen natürlich nur eine Übersetzung der Sache an sich, und daher gilt (wie beim Zeitunglesen): Mitdenken hilft immer! Trotzdem möchte ich mich für etwaige Missverständnisse bereits an dieser Stelle entschuldigen.

Wenn nicht anders vermerkt, sind die Mengenangaben für vier mittlere „Esser" angelegt. Denn Kochen kann zwar im besten Fall geradezu meditativ sein – ich koche gern allein. Doch so wie eine Zeitung von ihren Lesern lebt, brauchen Köchin und Küche Menschen am Tisch; Menschen, die essen und trinken, kritisch hinschmecken und begeistert genießen, lachen und zuhören. Ich bin sehr glücklich über alle in meinem Leben, die dies mit mir tun. Ich empfinde meine Bücher wie Kinder, und so wünsche ich mir, dass auch dieses seinen eigenen Weg findet, sich mit möglichst vielen Menschen gut versteht, ihnen hilft, sie inspiriert und ihrerseits beglückt.

Anfang gut,
alles gut –
Aperitifbegleiter

%×%

Der erste Schluck Wein, das Aufatmen nach einem langen Arbeitstag, wenn der Computer heruntergefahren ist und das Blackberry Sendepause hat, wenn der Haushalt zur Ruhe oder der Mensch im Restaurant richtig ankommt – der Aperitif ist ein Innehalten vor der ernsthaften Beschäftigung mit dem eigentlichen Essen und Trinken.

%×%

Wie beim Yoga in dem Moment zwischen Ein- und Ausatmen entspannt dabei der Geist, wird offen für neue Gedanken und Eindrücke. Der Begriff „Aperitif" geht sprachlich auf ein medizinisches Fachwort aus dem Lateinischen zurück, das über Frankreich kommend in deutschen Texten Anfang des 16. Jahrhunderts auftaucht und bis ins 19. Jahrhundert ein „eröffnendes, Unreinigkeiten abführendes Heilmittel" bezeichnet. Das lässt sich durchaus auf moderne Verhältnisse übertragen: Hier wird Abstand geschaffen und innerlich „entschlackt". Ob man dafür nun nach italienischem Vorbild in einer Bar oder aber zu Hause in der Küche steht, sich aufs Sofa, auf den Balkon oder in die hinterste Gartenecke zurückzieht – egal, nur der Esstisch ist kontraindiziert, der bleibt dem „richtigen" Mahl vorbehalten.

Etwas zu beißen sollte es allerdings auch zum Aperitif geben, damit der Alkohol nicht gleich auf den Magen und Hunger nicht in Nervosität umschlägt. Keine großen, aufwendigen Küchenkreationen sind hier gefragt, im Ernstfall tun es die sprichwörtlichen Nüsse, Chips oder Oliven zu Pils, Champagner oder Campari. Doch es geht auch einfallsreicher: ein paar Scheiben Salami, kleine Tomaten, Möhren-, Paprika- oder Staudensellerieschnitze, vielleicht mit einem Dip aus Avocados oder Taramasalata, dazu ein ungewöhnlicher Wein oder ein besonderes Bier – und schon gelingt den Geschmacksnerven eine viel intensivere seelische Entschlackung.

Lammbällchen mit Chili und Koriander

◇◇◇◇◇◇◇◇◇◇◇◇◇◇◇◇◇◇◇◇◇◇◇◇◇◇◇◇

Duftendes für Fernwehkranke: Die Lammbällchen passen gut zum Sekt und lassen sich auch in größeren Mengen zubereiten und portionsweise einfrieren.

◇◇◇◇◇◇◇◇◇◇◇◇◇◇◇◇◇◇◇◇◇◇◇◇◇◇◇◇

250 g nicht zu mageres *Lammhack* mit
1 *Knoblauchzehe*, 1 kleinen *Zwiebel*, 1 EL frischen *Ingwer* und 2 kleinen scharfen grünen *Chilischoten* (alles feingehackt) vermischen; mit *Garam Masala* und *Salz* (jeweils
etwa 1 TL) sowie gemahlenen *Koriandersamen* und 1 Handvoll frischen *Korianderblättern* kräftig abschmecken. Mit nassen
Händen kleine Bällchen formen und in etwas *Öl* in der Pfanne goldbraun braten –
schmecken lauwarm am besten.

ERBSENDIP

~:~

*Frühlingsgrünes für Energiebedürftige: Der
leuchtend grüne Erbsendip zum fruchtig-tro-
ckenen Wein lässt sich am besten mit leicht
süßlichen Kroepoek-Garnelenchips aus dem
Asialaden aufdippen.*

~:~

LAMMBÄLLCHEN MIT CHILI UND KORIANDER ♙

1 EL *Olivenöl* mit 1½ EL frischem *Limettensaft*, 1 Handvoll frischen *Korianderblättern*
und 1 entkernten, frischen roten *Chilischote* in der Küchenmaschine zerkleinern.
250 g aufgetaute *grüne Erbsen* und etwas ge-

ERBSENDIP ♙

mahlenen *Kreuzkümmel* zugeben und alles fein pürieren. Mit *Salz* und eventuell mehr Öl und Limettensaft abschmecken.

PIKANT MARINIERTE FISCHFILETS

~-

Ungewöhnliches für Neugierige: Die Fischfilets zu Apfel-Perlwein lassen sich bestens von Rotbarbe, Knurrhahn oder Makrele zu- und auch schon am Vortag vorbereiten.

~-

1 kleine *rote Zwiebel* in dünnen Streifen mit 1 *Lorbeerblatt*, 1 EL grob gehackten *Estragonblättern*, 150 ml *trockenem Riesling* sowie 2 EL *Weißweinessig* (je nach Qualität und gewünschtem Säuregrad auch mehr), *Salz* und grob gemahlenem *schwarzen Pfeffer* einmal aufkochen. 200 g *Fischfilet* (eventuell in mundgerechte Stücke schneiden) mit wenig *Öl* in einer Pfanne kurz von beiden Seiten braten, in der Marinade erkalten lassen.

KLEINE KÄSEKRAPFEN AUS BRANDTEIG

~-

Stärkendes für Hungrige: Die Käsekrapfen zu kräftig-dunklem Bier lassen sich durch die Art des verwendeten Käses variieren, klassisch ist ein Bergkäse.

~-

160 ml *Wasser* mit 60 g *Butter*, etwas *Salz* und 1 Prise *Cayennepfeffer* aufkochen. Vom

WEIN & CO. ZUM APERITIF

Natürlich kann prinzipiell jedes Getränk die Rolle des Aperitifs übernehmen. Aber manchmal wirkt etwas Ausgefallenes besonders inspirierend, daher hier einige Vorschläge:
Trockener Sekt lässt sich etwa mit einem Schuss Rosensirup aufpeppen (am besten funktioniert das mit einem Blanc de Noir, Riesling wirkt hier zu aufdringlich); so wird aus dem Feierabendschluck eine aromatherapeutische Märchenreise.
Beim **trockenen Weißwein** sind ungewöhnliche, fruchtbetonte Sorten wie der Bacchus interes-

sant: Fruchtaromen von weißen und schwarzen Johannisbeeren über frische Birnen bis hin zu Himbeeren, unterlegt von frischen Kräutern und einem Hauch Traubensüße – diese Rebsorte ist nicht ohne Grund nach dem Gott des Weines benannt! Besonders strahlende Exemplare kommen vom Bodensee.
Eine andere Möglichkeit ist **Apfel-Perlwein**. Der fängt die ganze Köstlichkeit dieser Früchte ein und hat doch nur wenig Alkohol. Wer es ganz alkoholfrei möchte, dem sei **Rhabarber** ans durstige Herz gelegt. Er wirkt wie ein frischer Windstoß für die erschöpfte Seele und mit roter Johannisbeere und frischer Minze sogar richtig elegant. Dafür in ei-

nem hohen Glas etwas zerstoßenes Eis mit einer Handvoll frischer Minzeblätter und einem großzügigen Schuss konzentrierten, gesüßten Johannisbeersaft gründlich mischen, nach Belieben noch etwas Eis dazugeben und mit Rhabarbersaft auffüllen.
Für kühlere Abende oder die Entspannung besonders hungriger Gemüter bietet hingegen **dunkles Trappistenbier** aus Belgien Nahrung und Wärme. Seine Würze ist ausgesprochen komplex, ohne übertrieben schwer oder süß zu wirken. Der Möglichkeiten also viele, um vor dem Essen zu entschlacken!

TIPP!

Herd nehmen, 170 g gesiebtes *Mehl* hineingeben und mit einem Holzlöffel zu einer dicken Masse glatt rühren. Den Topf zurück auf den Herd stellen und weiterhin unter Rühren einige Minuten „abbrennen", bis sich ein weißer Belag am Topfboden bildet. Den Teig in eine Schüssel geben, etwas abkühlen lassen, und nacheinander 3 *Eigelb* sowie zum Schluss 100 g grob geriebenen oder klein gewürfelten *Schnitt-* oder *Hartkäse* unterarbeiten. Kleine Häufchen auf ein gefettetes Blech setzen und im vorgeheizten Ofen bei 200 °C goldbraun backen (etwa 15 Minuten, sie müssen durchgebacken sein, sonst fallen sie zusammen!).

ROTE-BETE-CREME UND FLADENBROT

Pinkfruchtiges für Beschwingte: Creme und Fladenbrot passen gut zu Nullprozentern im Glas.

2 große *rote Bete* weichkochen, abkühlen lassen, pellen und raffeln. Mit 1 Becher (170 g) griechischem *(Schafs-)Joghurt*, 2 TL *braunem Zucker* und 2 fein gehackten *Knoblauchzehen* vermischen. Mit etwa 2 EL *Rotweinessig* und *Salz* abschmecken. Mit *Fladenbrot* zum Dippen servieren.

Gingers langer Marsch –

Ingwer gegen Frühjahrsmüdigkeit

%×%

Ingwer ist heutzutage mächtig angesagt – ob als Gari bzw. Sushoga, den eingelegten rosa Scheibchen zum Sushi, in thailändischer roter Currypaste oder in vietnamesischen Suppen. Doch wie sich alles dreht: „Kaum wüßte ich in der Kochkunst eine Stelle anzugeben, wo der Ingwer an seinem Platze wäre," schrieb Karl von Rumohr 1822 in seinem „Geist der Kochkunst".

%×%

Allerdings hatte der angesehene deutsche Gastrosoph dabei nicht die klare, belebende Schärfe des frischen, sondern vielmehr das getrocknete Ingwerpulver im Sinn. Bis ins 17. Jahrhundert wurde Ingwer in Europa in großen Mengen konsumiert, neben vielen anderen, ebenso beliebten Gewürzen – die übrigens nicht, wie oft gesagt wird, dazu dienten, etwa verdorbenes Fleisch genießbar zu machen. Vielmehr waren die aus dem mythenumwobenen Fernen Osten importierten Muskatnüsse, Zimtstangen, Nelken und eben Ingwer teure Statussymbole und Heilmittel. Im 16. Jahrhundert legten jedoch die Spanier in Westindien und die Portugiesen in Brasilien und Westafrika ausgedehnte Ingwer-Plantagen an; die einst exklusive Wurzelknolle wurde allmählich einer breiteren Masse zugänglich und verlor an Reiz. Lediglich in Großbritannien hat sie vor allem in kandierter Form ihren festen Platz behauptet. Dort hat sich ihre ausgeprägte geschmackliche Lebhaftigkeit auch sprachlich niedergeschlagen: „Ginger" werden Rothaarige gerufen und „to ginger up" heißt es, wenn eine Sache so richtig in Schwung kommen soll.

Mariniertes Schweinefleisch

Ingwer auf Japanisch: Der Saft dient hier nicht nur zum Aromatisieren, sondern macht das Fleisch auch zarter.

60 g frischen *Ingwer* schälen, fein reiben und zwischen den Fingern oder in einem Tuch auspressen. Den Saft mit 3 EL *Sojasauce* und 2 EL *Sake* verrühren. 500 g *Schweinefilet* in dünne Scheiben schneiden und in einer Schüssel mit der Marinade mischen. 30 Minuten stehen lassen, dann über einer Schüssel in ein Sieb geben und gut abtropfen lassen. 3 *Zwiebeln* in Ringe schneiden, in 2 EL *Pflanzenöl* in einer beschichteten Pfanne glasig dünsten. Mit einem Schaumlöffel herausnehmen und beiseite stellen. Das abgetropfte Fleisch in der Pfanne unter Rühren etwa 3 Minuten braten, die Zwiebeln wieder dazugeben, noch kurz weiterbraten, dann vom Herd nehmen und die Marinade einschwenken. Mit *Reis* servieren.

GEDÄMPFTER FISCH MIT FRÜHLINGSZWIEBELN

Ingwer und Frühlingszwiebeln gehören in China grundsätzlich zu Fisch, da sie für frischen Geschmack sorgen.

Für zwei Portionen 2 kleine *Wolfsbarsche* (vom Fischhändler geschuppt und ausgenommen) waschen und mit Küchenkrepp abtrocknen. Alle 2 cm die Haut rechtwinklig zur Hauptgräte einschneiden und beide Fische mit je 1 TL *Salz* einreiben. 1½ EL *Sojasauce* mit 2 EL *Sake*, 3 EL *Pflanzenöl* und 1 guten Prise *Zucker* mischen, beiseitestellen. 1 Bund nicht zu kleine *Lauchzwiebeln* putzen. Das Weiße in Achtel schneiden und entweder auf einer hitzebe-

ständigen Porzellanplatte, die in einen Dämpfer passt (oder in einen Wok/ Schmortopf mit fingerbreit Wasser und Metallringen), oder in einer flachen ofenfesten Auflaufform verteilen. Die Fische darauflegen, und auf den Fischen das in schräge Scheiben geschnittene Zwiebelgrün verteilen sowie 2 EL in sehr feine Streifen geschnittenen frischen *Ingwer*. Die Sauce darübergeben. Die Platte über das kochende Wasser setzen und mit Deckel etwa 12 Minuten garen, bis sich der Fisch gerade fest anfühlt, bzw. die Auflaufform sorgfältig mit Alufolie verschließen und auf dem Gitter im vorgeheizten Ofen bei 180 °C etwa 15 Minuten garen. Braucht keine Beilagen, sondern besser ein substantielles Dessert danach.

INGWER-ZITRONEN-
LIMONADE – ADHRAK
SHERBET AUS INDIEN

~:~

Gut gekühlt mit einem Zweig Minze garniert ein echter Powerdrink!

~:~

70 g frischen *Ingwer* schälen und grob hacken, mit der dünn abgeschälten Schale von 1 *Zitrone* in einen Krug geben und mit 1 l kochendem *Wasser* übergießen. Einige Stunden oder über Nacht ziehen lassen. Die Limonade durch ein Sieb gießen, 2 EL *Zitronensaft* und 4 EL *Zucker* unterrühren.

INGWER-EIS

In Sirup eingelegter Ingwer gehört eindeutig zur Geschmackswelt unserer englischen Nachbarn.

100 g *Sahne* mit 100 ml *Milch* zum Kochen bringen. 2 *Eigelb* in einer Schüssel mit 4 EL *Ingwersirup* verrühren und sehr langsam und unter ständigem Rühren die warme Flüssigkeit zugießen. Zurück in den Topf geben und weiterhin ständig rührend vorsichtig erhitzen, bis eine gewisse Bindung eintritt – dann den Topf sofort in Eiswasser abkühlen. Die Masse in einer Schale in den Gefrierschrank stellen. Wenn sich ein fester Rand bildet, 80 g eingelegten *Ingwer* grob hacken und unter 200 g steif geschlagene *Sahne* ziehen. Die kalte Eimasse schnell glatt rühren und die Sahne vorsichtig daruntermischen. Abdecken und ganz durchfrieren lassen, dabei eventuell zwischendurch nochmals durchrühren. Eine halbe Stunde vor dem Servieren in den Kühlschrank stellen – eine Wonne zu Erdbeeren oder mit dunkler, warmer Schokoladensauce an Regentagen!

NOCH MEHR INGWER-WISSEN

Ingwer gehört zur großen Familie der Gewürzlilien. Seine Verwandten sind der etwas würzigere Galgant (ein Lieblingsgewürz der weisen Benediktinerin Hildegard von Bingen), die farbintensive Kurkuma oder Gelbwurz, der hierzulande leider nicht erhältliche, fruchtige Mango-Ingwer, der japanische Mioga-Ingwer (der einzige, von dem Stengel und Blüte gegessen werden), verschiedene Kardamom-Varianten sowie auch dekorative Arten. In früheren Jahrhunderten gelangte nur ausnahmsweise frischer, in Töpfe gepflanzter „grüner" Ingwer nach Europa, und es kursieren alte Rezepte für „falschen" Ingwer aus mit Ingwerpulver gewürztem Kürbis. Heute ist es hingegen kein Problem, die frischen Wurzeln oder genauer Rhizome über weite Strecken zu transportieren – sie sollten beim Einkauf fest, prall und möglichst schwer sein. Ingwer wird nicht nur in Mittelamerika, Hawaii, Af-

TIPP!

rika, Indien, China, Südostasien, Japan und Korea angebaut, sondern seit den 1940ern auch im australischen Queensland. In den feuchtwarmen Tropenwäldern Hinterindiens fühlen sich die unscheinbaren Pflanzen mit den hüfthohen, an Schwertlilien erinnernden, schmalen Blättern seit Jahrtausenden wohl. Von hier aus haben sie sich nach Südindien und ganz Südostasien ausgebreitet, und zwar nicht über die Verbreitung von Samen, sondern durch das eigene „Klonen": Aus einem Wurzelstück bilden sich immer weitere, genetisch identische Pflanzen. In indischen Küchen wird sehr genau zwischen getrocknetem Ingwer – „Sunthi" auf Hindi – und dem wesentlich häufiger gebrauchten frischen „Adhrak" unterschieden. Ingwer, Zwiebel und Knoblauch, fein gewürfelt in Pflanzenöl angeschwitzt, sind essentielle Grundlage vieler indischer Küchenstile, ähnlich dem italienischen Soffrito, und verleihen durch den Stärkegehalt des Ingwers dem fertigen Gericht zugleich Bindung. In China gehört Ingwer grundsätzlich zu

Fisch und Meeresfrüchten, weil er ihre Frische unterstreicht. In Japan sorgt er für aromatische Klarheit und wird bevorzugt gerieben verwendet: die dafür eingesetzte Oroshigane-Reibe wird auch für Wasabi genutzt. Die geschmacklich-kulinarische Dimension ist in Asien untrennbar mit der gesundheitlichen verbunden: Nach der ayurvedischen Gesundheitslehre gilt Ingwer als warm und trocken, und er steckt voller Yang-Energie. Er wärmt und hilft deshalb gegen alle Arten von „Verkühlungen" und deren Symptome, wirkt aber, da schweißfördernd, auch kühlend. In vielen Regionen Indiens bilden einige Scheibchen der frischen Wurzel mit etwas Salz gekaut traditionell den Auftakt eines Essens und nutzen damit die verdauungsfördernde Wirkung des Ingwers. Frischer Ingwersaft teelöffelweise eingenommen hilft auch gegen Übelkeit. In Europa werden die vielen hilfreichen Seiten des Ingwers erst langsam wieder entdeckt und durch klinische Untersuchungen bestätigt.

RHABARBER-INGWER-PUDDING

~∾~∾~∾~∾~∾~∾~∾~∾~∾~∾~∾~∾~∾~∾~∾~∾~∾~∾~

Ein substantielles Dessert, das mit einer klaren Suppe oder einem Salat vorweg zu einer vollständigen Mahlzeit wird.

~∾~∾~∾~∾~∾~∾~∾~∾~∾~∾~∾~∾~∾~∾~∾~∾~∾~∾~

Eine 1-Liter-Puddingform buttern. 3 EL *Ingwersirup* sowie etwa 2 EL gewürfelten, in Sirup eingelegten Ingwer hineingeben, darauf 250 g geputzten, in 3 cm lange Stücke geschnittenen *Rhabarber*. 125 g *Butter* mit 125 g *braunem Zucker* und der abgeriebe-

nen Schale von 1 *Orange* schaumig schlagen. 2 *Eigelb*, 125 g frische *Weißbrotkrume* und 1 gehäuften TL gemahlenen *Ingwer* nacheinander unterrühren. Wenn die Masse zu fest sein sollte, etwas *Milch* unterarbeiten. 2 *Eiweiß* zu Schnee schlagen und unterziehen. Die Masse über den Rhabarber geben, die Form mit einer Doppellage Alufolie und einer Schnur verschließen und 2 Stunden über Dampf garen. Am Rand mit einem kleinen Messer lockern und auf eine Platte stürzen, warm mit *Schlagsahne* oder *Naturjoghurt* genießen.

KLEINE KUCHEN ZUM TEE

Sie mögen klein sein – aber sie haben es in sich!

110 g *braunen Rohrzucker* mit 110 g weicher *Butter* schaumig schlagen, 1 EL geriebenen frischen *Ingwer*, 2 TL *Rübensirup* sowie 2 EL *Ingwerkonfitüre* einarbeiten. 1 TL *Ingwerpulver*, 220 g *Mehl* und ½ TL *Backpulver* mischen und nach und nach unterziehen. Den Teig in gefettete Mini-Kastenförmchen verteilen (ersatzweise Papierhülsen oder Muffinförmchen verwenden) und im vorgeheizten Ofen bei 170 °C gut 30 Minu-

ten goldbraun backen. Mit einem Streifen eingelegten Ingwers oder etwas Ingwerkonfitüre verzieren.

MIESMUSCHELN AUF THAILÄNDISCH

Zusammen mit den thailändischen Aromen hüllt der Ingwer die Muscheln in eine wahre Duftwolke.

2 Stängel *Zitronengras* in dünnen Scheiben, 1 daumengroßes Stück frischen *Ingwer* in feinen Würfeln, 2 gehackte *Knoblauch-*

zehen, 4 kleine scharfe *grüne Chilischoten* (entkernt und in feinen Streifen) sowie die gehackten Wurzeln von einem Bund *Koriandergrün* mit 1 TL *Salz* im Mörser zu einer Paste verreiben. 2 kg *Miesmuscheln* putzen, die geöffneten dabei aussortieren. In einem großen Topf die Würzpaste in 2 EL *Erdnussöl* unter Rühren anschwitzen, bis sie richtig duftet, dann nach und nach 400 ml *Kokosmilch* dazugeben und etwas köcheln lassen. Mit 2 EL *Fischsauce*, dem Saft von 1 *Limette* und 1 TL *braunem Zucker* abschmecken, dann die Muscheln dazugeben, den Deckel aufsetzen und unter gelegentlichem Rütteln knappe 10 Minuten dämpfen, bis sich die Muscheln geöffnet haben (die geschlossenen aussortieren). Mit 3 *Frühlingszwiebeln* in feinen Ringen sowie dem grob gehackten *Koriander* bestreut servieren. Dazu passt *Klebreis* besonders gut.

INGWER IN ROTEM CURRY MIT WEISSEM SPARGEL

Klingt ungewöhnlich, schmeckt aber hervorragend. Eine schnelle Idee für das Ende der Spargelsaison, wenn man die klassischen Formen des Stangengemüses schon ein wenig über hat. Als selbstständiges Curry mit Reis (dann gelten diese Mengenangaben eher für 2 bis 3 P.) oder aber als Beilage zu Fisch, Garnelen oder Fleisch jeder Art.

1 kg *weißen Spargel* schälen und schräg in 3–5 cm lange Stücke schneiden. In *Traubenkernöl* mit etwas *Butter* anbraten. Etwa 1 EL fein gewürfelten frischen *Ingwer* und 1 TL *rote Currypaste* dazugeben und kurz mit anschwitzen. 250 ml *Kokosmilch* angießen und das Ganze kurz köcheln lassen, mit *Fischsauce*, *Limettensaft* und 1 Prise *braunem Zucker* abschmecken.

INGWER IN ROTEM CURRY

Artischocken –
Gewusst wie, als Frühjahrstherapie

% × % ×

Gerade erst ist der letzte Schnee geschmolzen, man wagt kaum ans erste zarte Grün zu denken. Dabei ist am Mittelmeer der Frühling schon in vollem Gange, und kleine, junge Artischocken stellen eine wunderbare Therapie nach der langen Eiszeit dar.

% × % ×

Anders als die meist nordfranzösischen großen kugelrunden Gebilde, die traditionell im Ganzen gekocht und dann mit Vinaigrette oder Butter auf dem Teller auseinandergezupft werden, lassen sich die mediterranen Frühlingsboten auf vielfältige Weise zubereiten. Ganz jung brauchen nur die stacheligen Spitzen abgeschnitten und die alleräußersten Blätter entfernt zu werden, dann kann man sie sogar roh genießen: in dünnen Scheiben mit ein paar Tropfen Olivenöl und etwas Salz für sich als Salat oder auf einem Carpaccio.

Der harten Blattspitzen kann man sich mit einem beherzten Schnitt etwa auf halber Höhe der Knospe entledigen. Dann bricht man die äußeren Blätter ab, wobei der fleischige untere Teil an der Knospe verbleibt. Die inneren gelblichen Blätter sind weicher und ganz essbar; das lässt sich gegebenenfalls mit einem Probebiss testen. Wenn man die innersten zarten Blättchen auseinanderdrückt, kommt das sogenannte Heu im Herzen der Knospe zum Vorschein, die mehr oder weniger strohig wirkenden Staubfäden, die umso härter, stacheliger und ungenießbarer sind, je ausgewachsener die Artischocke ist. Unter ihnen verbirgt sich der Blütenboden, der mit dem Stiel das eigentliche, kulinarisch interessante Herz der Knospe bildet. Das Heu lässt sich am besten mit einem runden Kartoffelausstecher oder einem kleinen spitzen Messer vom Boden schaben – für alle außer dem ersten dieser Rezepte kann man sich das Leben aber auch einfacher machen und die Knospen erst halbieren und das nun we-

sentlich unkomplizierter erreichbare Heu halbmondförmig herausschneiden. Dann muss nur noch der Stiel großzügig geschält und auf drei bis fünf Zentimeter gekürzt werden – und jetzt schnell zur Zitrone gegriffen! Denn Artischocken verfügen über reichlich phenolische Stoffe. Das manifestiert sich bereits beim ersten Schnitt: Was nicht sofort und konsequent mit Säure in Form von Zitrone oder Essig behandelt wird, läuft nahezu umgehend braun an (inklusive der Hände des oder der Küchentätigen – doch das sollten einem Frische und Geschmack wert sein). Es lohnt sich allerdings, optische Kompromisse einzugehen: die säuerliche Eintönigkeit gekaufter eingelegter Produkte beruht auch auf dem Beharren auf makellos helles Gelbgrün. Mit der Ausnahme von tiefgekühlten Artischöckenböden, die hierzulande aber nur sehr selten in Mittelmeer-Läden aufzutreiben sind, sind Konserven deshalb auch keine wirkliche Alternative zu frischen Knospen.

Artischocken und Wein
In der Weinbranche gelten Artischocken einstimmig als die ultimativen Problemkinder. Auch

daran sind die Phenole schuld: Zusammen mit dem menschlichen Speichel wirken sie adstringierend und blockieren zum Teil beim Kontakt mit Zunge und Gaumen die Wahrnehmung von Süße – die dann unmittelbar danach, etwa beim nächsten Schluck Wein, umso stärker und auf häufig verzerrte Weise den Geschmackseindruck bestimmt. Doch der Essenstisch ist kein Labor, und in der Praxis muss auch bei Artischocken nicht sofort die große rote Panik-Weinkarte gezückt werden. Sobald zusätzlich Fett (wie bei den frittierten Artischocken und den Hackbällchen), Säure (die Essigmarinade beim Einlegen) oder reichlich Stärke (durch die Bohnen) ins Spiel kommen, werden die Weine zwar geschmacklich ein wenig ins Fruchtige gedreht, aber nicht unbedingt unangenehm verzerrt. Es hilft allerdings, wenn im Glas nicht übermäßig viel junge Fruchtaromen und -säure tanzen; Cava verträgt sich daher ausgesprochen gut mit Artischocken, aber auch etwas gereifte, mineralische trockene Rieslinge funktionieren durchaus, und saftige Sauvignon Blancs sehen erfahrungsgemäß tolerant über die kleine Süßeattacke hinweg.

TIPP!

Doch die meisten Artischocken sind bereits etwas älter und machen viele ratlos, wo sich in den blaugrünen bis violetten Gebilden denn etwas Essbares verbirgt. Hat man jedoch erst einmal verinnerlicht, dass es sich um Distelknospen handelt, wird die Vor- und Zubereitung schon viel einfacher. Beim Einkauf sollte sich eine Artischocke relativ schwer anfühlen, die Blattspitzen noch fest, eventuelles Laub am Stiel nicht allzu schlapp aussehen – die Frühlingsmonate sind Hochsaison für die kleinen länglichen Sorten vom Mittelmeer.

FRITTIERTE ARTISCHOCKEN

Frittiert oder – wie man in Rom sagt – auf jüdische Art, alla giudia, weil diese Zubereitung vor allem auf die Juden zurückgeht, die im 15. Jahrhundert vor der Inquisition aus Sizilien und Sardinien in den „Norden" fliehen mussten. „Fritto misto" war ursprünglich das Angebot der vorwiegend jüdischen „friggitori", die an kleinen Straßenständen allerhand frittiertes Gemüse und Fisch anboten. Je kleiner und zarter die Artischocken dafür sind, umso besser. Das Fettbad lässt sie bronzefarben aufblühen, und sie schmecken wie eine Mischung aus süßlich gemüsigen Pommes frites und knusprigen Chips.

~·~

Die ganzen *Artischocken* wie beschrieben vorbereiten und in *Zitronenwasser* legen. In einem Topf so viel *Öl* auf 160 °C erhitzen, dass die Artischocken darin ganz „abtauchen" können. Artischocken aus dem Wasser nehmen, gut abtropfen lassen, abtrocknen und etwa 10 Minuten frittieren, dabei gelegentlich wenden. Herausnehmen und das Öl etwas höher auf 180 °C erhitzen. Die Artischockenblüten vorsichtig etwas weiter auseinanderdrücken, dann nochmals kurz frittieren, auf einem Tuch abtropfen lassen, *salzen* und sofort genießen.

❦ ARTISCHOCKEN MIT KRÄUTERN

ARTISCHOCKEN MIT KRÄUTERN UND KNOBLAUCH

~·~

So gegart schmecken sie am besten lauwarm mit hellem Brot oder als Beilage etwa zu einer Lammkeule und lassen sich auch vorbereiten und wieder aufwärmen.

~·~

8 kleine *Artischocken* halbieren und putzen, mit *Zitrone* abreiben. Jeweils 1 Handvoll frische *Minze* und glatte *Petersilie* hacken, 1 kleine frische *Knoblauchknolle* der Länge nach vierteln und in feine Streifen schneiden, alles mit *Salz* und *Pfeffer* mischen und teilweise in die Artischocken drücken. Den Rest in einer flachen Auflaufform (mit Deckel) darüberstreuen. Mit reichlich *Olivenöl* benetzen und 150 ml *trockenen Weißwein* angießen. Bei 160 °C zugedeckt im Ofen knappe 60 Minuten garen.

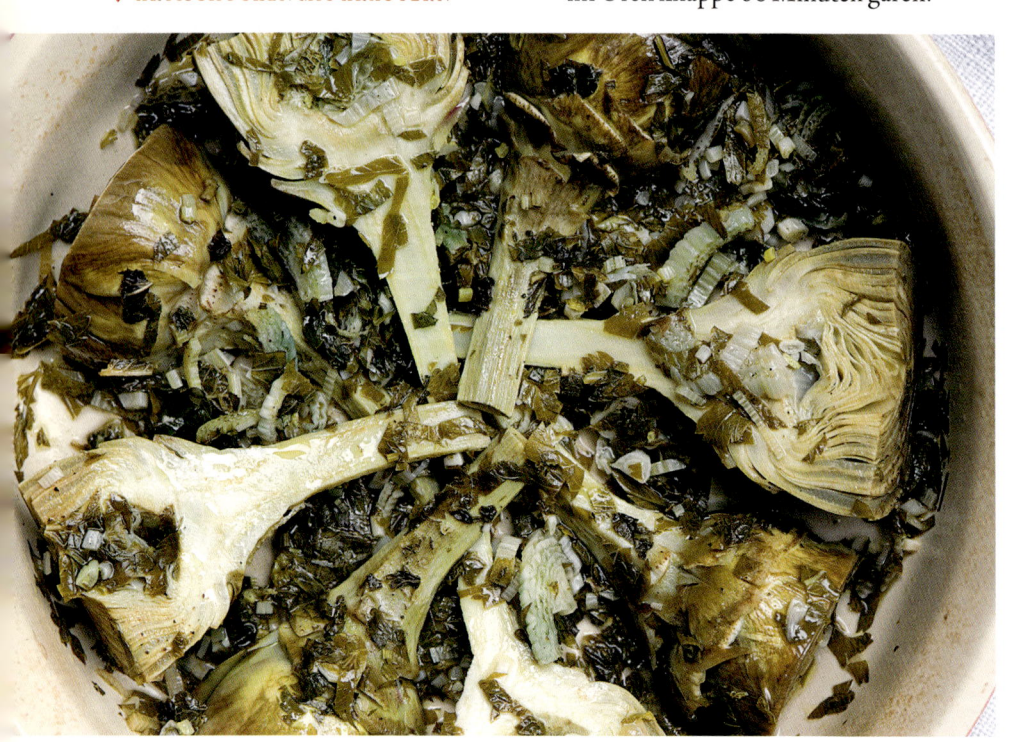

GESCHMORTE ARTISCHOCKEN MIT DICKEN BOHNEN UND ERBSEN

~·~

Mit frischen grünen Bohnenkernen ist das die griechische Art, Artischocken zu schmoren, ursprünglich eine Fastenspeise der aus Ägypten stammenden Kopten. Mit dicken Bohnen aus der Dose und TK-Erbsen wird daraus aber auch ein stimmiges und schnelles Gericht.

~·~

4–6 kleine *Artischocken* putzen und vierteln. Mit 1 *Zwiebel* in feinen Würfeln, 1 angedrückten *Knoblauchzehe,* etwas *Zitronensaft* und zwei Finger hoch *Wasser* in einem Schmortopf zum Kochen bringen, *salzen* und *pfeffern* und zugedeckt 10 Minuten köcheln lassen. 2 kleine Dosen (à 240 g Einwaage) *gemischte dicke Bohnen* (Pinto, Canellini und Kidney, oder auch in anderer Zusammensetzung) abtropfen lassen und mit 3 EL *Olivenöl,* 2 EL grob gehackter glatter *Petersilie* und anderen frischen *Kräutern* nach Belieben (Thymian, Salbei, Estragon, Rosmarin) sowie 200 g *TK-Erbsen*

unter die Artischocken mischen. Ohne Deckel unter gelegentlichem Rühren erhitzen und die Flüssigkeit dabei einkochen lassen. Nochmals mit *Zitrone, Salz* und *Pfeffer* abschmecken und etwas abkühlen lassen. Lässt sich bestens mit Fleisch und Fisch ergänzen.

EINGELEGTE ARTISCHOCKEN

~·~

Eingelegt gibt es Artischocken natürlich im Überfluss in den Regalen und Theken; häuslich zubereitet dürfen sie jedoch „grüner" daherkommen und schmecken derart ungebleicht viel gemüsiger: Die Mühe lohnt!

~·~

4 *Artischocken* putzen und halbieren. 250 ml *Weißweinessig* und 200 ml *Wasser* mit 1 kleinen, halbierten *roten Chilischote,* 1 TL angestoßenen *Korianderkörnern,* 4 *Nelken* und 2 TL *Salz* zum Kochen bringen. Die Artischocken darin 10 Minuten garen. Den gesamten Inhalt in einem Sieb abtropfen lassen und mit frischem *Knoblauch* in dünnen Scheiben in ein Glas einschichten. Mit

🌱 EINGELEGTE ARTISCHOCKEN

Olivenöl auffüllen und bedecken, dabei Luftblasen vermeiden. Im Kühlschrank halten sich die Artischocken so einige Wochen, wenn man die Gläser im Wasserbad 10 Minuten sterilisiert, genügt ein kühler

Keller und man kann auch im Sommer noch davon zum Aperitif naschen.

ARTISCHOCKEN MIT REIS

~-~-~-~-~-~-~-~-~-~-~-~-~-~-~-~-~-~-~-~

Eine unorthodoxe Art Risotto, hier mengen-mäßig als Vorspeise konzipiert.

~-~-~-~-~-~-~-~-~-~-~-~-~-~-~-~-~-~-~-~

4 kleine *Artischocken* putzen, in Salzwasser gerade weich kochen (etwa 10 Minuten) und in Spalten schneiden. Jeweils ½ TL *Fenchelsamen* und *Kreuzkümmel* sowie wenig *weißen Pfeffer* im Mörser zerstoßen und alles mit 1 *Schalotte* in Würfeln und 165 g *Risotto-Reis* in *Olivenöl* glasig anschwitzen. 400 ml *Gemüsefond oder Wasser* und 150 ml trockenen, nicht fruchtbetonten *Weißwein* angießen, leicht salzen, 2 *Lorbeerblätter* dazugeben. Unter Rühren zum Kochen bringen und etwa 15 Minuten ganz leise köcheln lassen. Wenn der Reis weich ist (eventuell noch etwas Flüssigkeit zugeben), die Artischocken mit 1 Stück Butter und 2 EL geriebenem Parmesan daruntermengen, Deckel auflegen, vom Herd nehmen und 3 Minuten ruhen lassen.

ARTISCHOCKEN IN HACKFLEISCHBÄLLCHEN

Mit Reis und Tomatensauce ein Hauptgericht, lauwarm aber auch wunderbares Fingerfood zu einem Glas Cava. Lassen sich auf Vorrat einfrieren.

6 kleinere *Artischocken* (à 200 g) putzen und in Salzwasser mit etwas *Zitrone* gerade weich kochen (10–15 Minuten). Erkalten lassen und in erbsengroße Würfel schneiden (ergibt knapp 500 g). 500 g *Hackfleisch* (Lamm ist besonders kräftig, Kalb wirkt eleganter, Rind und Schwein gemischt schmecken aber auch sehr gut) mit 2 kleinen *roten Zwiebeln* in feinen Würfeln, 60 g geriebenem *Parmesan*, 2 verquirlten *Eiern* und je ½ TL gemahlenem *Zimt* und *Koriander* gründlich mischen. Die Artischocken daruntermengen und kräftig mit *Salz* und *schwarzem Pfeffer* abschmecken. Mit angefeuchteten Händen gut walnussgroße Bällchen formen, in *Mehl* wälzen und in *Öl oder Schmalz* in der Pfanne langsam goldbraun braten.

Ich wollt, ich hätt' ein Huhn –

Weit mehr als Brustfilet vom Vogel

%×%

Auch wenn die Plastiktabletts im Kühlregal uns das vorgaukeln – ein Huhn besteht nicht nur aus Brust und Keulen! Wer je ein Huhn nach dem Kochen „abgepult" hat, weiß, wieviel Fleisch an allen möglichen und unmöglichen Stellen sitzt. Das schmeckt nicht nur in duftender, wärmender Brühe – ob nun mit Nudeln oder Grießklößchen –, sondern auch in einer der hier beschriebenen Varianten.

%×%

Huhn ist aber nicht gleich Huhn: Ein Suppenhuhn ist ein älteres Tier, das sein gerechtes Pensum an Eiern absolviert hat und deshalb mindestens anderthalb Stunden mit Wasser bedeckt leise kochend im Topf verbringen möchte, zusammen mit einem Löffel Salz, einer geviertelten Zwiebel, zwei Nelken und einem Lorbeerblatt. Ein nach Bioland-Richtlinien aufgezogenes Brathuhn ist hingegen 80 Tage jung und zart, nach 100 Tagen allerdings deutlich kräftiger im Geschmack. So ein Spitzenhuhn erfordert eine etwas größere Investition, bietet dann aber auch mindestens drei Mahlzeiten und bei wachsendem Misstrauen gegenüber der Lebensmittelindustrie die persönliche Gewissheit, dass hier nichts getrickst und doch so gut wie alles verwertet wird.

Die gekochte Haut stößt dabei oft auf Ablehnung – wer meint, dass sie nicht schon als Brühen-Geschmacksbasis ihr Soll erfüllt hat, der kann sie in dünnen Streifen in der Pfanne knusprig braten und zum Beispiel über den Salat geben.

HÜHNERMÄGEN AUF LAUWARMEM BOHNEN-SALAT MIT RADICCHIO

-·-·-~-·-·-~-·-·-~-·-·-~-·-·-~-·-·-~-·-·-

Hühnermägen schmecken nicht nur in der Nudelsuppe, sondern auch gekocht und angebraten zum Salat.

-·-·-~-·-·-~-·-·-~-·-·-~-·-·-~-·-·-~-·-·-

1 Kopf *Radicchio* vierteln, in *Olivenöl* anbraten, *salzen*, *pfeffern* und auf einem Blech

im 150 °C warmen Ofen fertig garen. In der Pfanne 2 *Schalotten* in Streifen in *Olivenöl* anschwitzen, 4 gekochte *Hühnermägen* in nicht zu dünnen Scheiben dazugeben und mitbraten. 1 Dose *weiße Riesenbohnen* (240 g Einwaage) abtropfen lassen und mit reichlich grob gehackter glatter *Petersilie* unter die Mägen mischen. Mit *Salz*, frisch gemahlenem *Pfeffer*, *Balsamessig* und eventuell mehr *Olivenöl* kräftig abschmecken, mit dem Radicchio anrichten.

DINKEL-VOLLKORNSPAGHETTI MIT HÜHNERLEBER UND ZITRONE

~-

Diese braune Spaghetti-Version ist ein wenig spröder in der Konsistenz (gart schneller!) und feiner im Geschmack, was der zitronigen Leber entgegenkommt.

~-

400 g *Dinkel-Spaghetti* bissfest kochen. Reichlich *Olivenöl* in einer Pfanne erhitzen, 150 g *Hühnerleber* (von Häuten und Sehnen befreit und grob gehackt), 100 g *Pancetta* oder milden durchwachsenen *Speck* in

Streifen, gehackten *Knoblauch* (Menge nach Geschmack) sowie die frisch abgeriebene Schale von 1 *Zitrone* darin kurz anbraten, salzen, dann vom Herd nehmen. 1 ganzes *Ei* und 3 *Eigelb* verquirlen und reichlich frisch geriebenen *Parmesan* (etwa 75 g) untermischen. Die Spaghetti abgießen, noch etwas feucht in eine große, vorgewärmte Schüssel geben, die Eier in die Pfanne mit der Leber-Mischung geben und kurz durchrühren, dann das Ganze über die Spaghetti geben und sehr gründlich mischen. Sofort auf vorgewärmten Tellern servieren und mit frisch gemahlenem *schwarzen Pfeffer* würzen.

DINKEL-VOLLKORNSPAGHETTI ♣

GESOTTENE HÜHNERBRUST MIT INGWER UND ZWIEBELLAUCH

~~~~~~~~~~~~~~~~~~~~~~~~~~~~~~~~~

Ganz schonend, ganz schlicht, ganz edel. Die Keulen von einem etwa 2 kg schweren Brathuhn abtrennen und separat verarbeiten, die Brust am Knochen garen. Zwei Brüste reichen je nach Fleischbedarf und Vogelgröße für zwei bis vier Esser.

~~~~~~~~~~~~~~~~~~~~~~~~~~~~~~~~~

Das keulenlose *Huhn* in einem Topf mit *Wasser* bedecken, sehr reichlich frischen *Ingwer* in Scheiben, 1 *Sternanis*, einige angedrückte *weiße Pfefferkörner* und 1 EL geröstetes *Sesamöl* zugeben. Bei niedriger Hitze zugedeckt langsam zum Kochen bringen, 10 Minuten simmern lassen, zur Seite ziehen und 30 Minuten zugedeckt im Fond ziehen lassen. Für die Sauce pro Person 1 EL frischen *Ingwer* in feinen Streifen mit 1 EL fein geschnittenem *Zwiebellauch* in 1 EL *Erdnussöl* sanft andünsten und mit

1 EL *Sojasauce*, 1 TL *Reiswein* und etwas *braunem Zucker* mischen. Die lauwarmen Brüste häuten, vom Knochen lösen und in mundgerechte Streifen schneiden, mit der Sauce und *Reis* servieren.

HÜHNER-SHRIMPS-WONTONS

~~~~~~~~~~~~~~~~~~~~~~~~~~~~~~~~~

Frikassee ist der Klassiker für gekochtes Hühnerfleisch, in einer mit einer Mehlschwitze gebundenen weißen Sauce, abgeschmeckt mit Zitrone und Kapern und ergänzt durch Champignons, Erbsen und Spargel. Doch auch in dieser asiatischen Form der Maultasche lässt es sich bestens verwenden.

~~~~~~~~~~~~~~~~~~~~~~~~~~~~~~~~~

2 *Schalotten* und 1 *Knoblauchzehe* fein würfeln und in wenig Öl weich dünsten. 100 g fein gehacktes, gekochtes *Hühnerfleisch* mit 200 g rohen, fein gehackten *Garnelen*, 1 EL *Schnittlauchröllchen*, 1 *Ei* und 1 TL *Stärke* gut mischen, mit *Salz* und *Pfeffer* abschme-

cken. Jeweils 1 kleinen Löffel davon auf die *Teigplatten* geben (Suppen-Wonton, aus dem Asia-Laden), die Ränder gut anfeuchten, diagonal zur Tasche zusammenklappen und festdrücken, die beiden spitzen Ecken verzwirbeln. In schwach siedendem Salzwasser etwa 5 Minuten garen und in *Hühnerbrühe* servieren, abgeschmeckt mit etwas *Sojasauce*.

HÜHNERSUPPE MIT KOKOSNUSS UND GALGANT

Die thailändische Variante der Hühnersuppe, besonders beglückend an grauen Tagen.

Für zwei Portionen 400 ml *Hühnerbrühe* mit 200 ml *Kokosmilch*, 2 grob zerrissenen *Kaffirlimonenblättern*, 2,5 cm geschältem

frischen *Galgant* (längs in mehrere Stücke zerteilt) und frischer, scharfer *roter Chili* in feinen Streifen 5 Minuten leise kochen. Mit 2 EL thailändischer *Fischsauce*, 2 EL *Limettensaft* und etwas *braunem Zucker* abschmecken. Gekochtes *Hühnerfleisch* in Streifen, ein paar *Zwiebellauchringe* und *Champignonscheiben* darin erhitzen und mit frischem *Koriandergrün* bestreut servieren.

HÜHNERSUPPE MIT ZITRONE UND EI

~-~-~-~-~-~-~-~-~-~-~-~-~-~-~-~-~-~-~-~

Nach griechischem Vorbild – Vitamine und Stärkung in einem.

~-~-~-~-~-~-~-~-~-~-~-~-~-~-~-~-~-~-~-~

1 l kräftige *Hühnerbrühe* zum Kochen bringen. 4 kleine *Eier* mit dem Schneebesen leicht schaumig schlagen, 4 EL *Zitronensaft* unterrühren und nach und nach die Hälfte der Brühe unter kräftigem Rühren untermischen. Diese Mischung unter die übrige Brühe ziehen und unter ständigem Rühren bei sehr schwacher Hitze eindicken lassen

– auf keinen Fall kochen! Mit einigen Scheiben rohen *Champignons* und eventuell etwas *Hühnerfleisch* servieren – später im Jahr passt auch etwas Spargel gut.

GEBRATENE HÜHNERFLÜGEL MIT SCHWARZER BOHNENSAUCE

~-~-~-~-~-~-~-~-~-~-~-~-~-~-~-~-~-~-~-~

Wenn man sie beim Braten an den Brüsten lässt, sind die Flügel meist trocken; als Solisten geben sie dagegen eine wunderbare Leckerei ab – am besten mit den Fingern zu essen!

~-~-~-~-~-~-~-~-~-~-~-~-~-~-~-~-~-~-~-~

500 g *Hühnerflügel* (im Tiefkühler von Huhn zu Huhn sammeln) mit 2–3 EL *schwarzer Bohnensauce* (aus dem Asia-Laden), 2 EL *Sojasauce*, 2 TL *braunem Zucker*, 3 gehackten *Knoblauchzehen* und 4 gehackten, frischen, scharfen *Chilischoten* (am besten kleine grüne) in einer ofenfesten Form gut mischen und einige Stunden marinieren lassen; dann im vorgeheizten Ofen bei 160 °C etwa 30 Minuten braten.

GESCHMORTE HÜHNERKEULEN MIT APRIKOSEN UND TOMATEN

~·~

Ein fruchtig-würziger Vorgeschmack auf den Sommer, lässt sich bestens vorbereiten. Je nach Appetit und Größe des Brathuhns versorgt eine Keule ein bis zwei Esser.

~·~

2 *Keulen* jeweils im Gelenk teilen. Mit *Salz* und reichlich gemahlenem *Ingwer* einreiben und 1 Stunde ziehen lassen. 100 g ungeschwefelte, getrocknete *Aprikosen* mit kochendem Wasser gerade eben bedecken und 45 Minuten quellen lassen, dann mit dem Wasser im Mixer pürieren. 1 *Zimtstange*, die Körner aus 4 grünen *Kardamomschoten*, 1 TL *schwarze Pfefferkörner*, 3 *Nelken* und 1 TL *Koriandersamen* grob zermörsern. Die Keulen in einem Schmortopf in etwas *Erdnussöl* anbraten, herausnehmen, dann 2 EL *Zwiebelwürfel* golden anschwitzen, etwas frischen, gehackten *Ingwer* und die Gewürze zugeben. 1 kleine Dose grob gehackte *Schältomaten* sowie das Aprikosenpüree untermischen und die Keulen zurücklegen. Zudecken, bei niedriger Hitze zum leisen Kochen bringen und etwa 45 Minuten garen. Schmeckt gut zu Duftreis, passt aber auch zu gebackenen Kartoffeln oder Fladenbrot.

Ein Plädoyer –
fürs Schmalz

%×%

Ob am Rhein oder im Schwäbisch-Alemannischen – die Tage von Weiberfast-nacht bis Faschingsdienstag sind vielerorts bis heute ein letztes Ausflippen vor der Ernüchterung der vierzigtägigen Fastenzeit vor Ostern. Schmalzge-bäck in vielen Formen ist Teil dieser Orgie, aber auch sonst ein alter Festtags-brauch.

%×%

In Zeiten ohne eigene Öfen, als die ge-meinschaftlichen Backhäuser nur in be-stimmten Abständen angeheizt wurden, ließ sich so für einen ganz besonderen Tag backen, sei es nun zur Kirchweih, zur Hochzeit oder eben zu Fastnacht. In der Woche vor Aschermittwoch wurde ein letztes Schwein geschlachtet; Schmalz, bis ins Mittelalter das Fett schlechthin in unseren Breitengraden, gab es also zur Ge-nüge. Heutzutage ist das Olivenöl der Fa-vorit unter den Fetten, und die modernen Schweine folgen dem allgemeinen Schlankheitstrend: 1950 lieferte ein rosa Rüsseltier noch 15 Kilogramm Fett, 1990 war das auf 4,6 Kilogramm geschrumpft. Doch Schmalz macht weder Pickel noch besteht es ausschließlich aus gesättigten Fettsäuren. Seine Qualität ist allerdings auch geschmacklich stark von der des Schweins an sich abhängig, also von Ras-se, Aufzucht und Fütterung. Selbstma-chen und dafür nach einer guten Quelle su-chen lohnt sich. Verwendet werden Flomen oder Liesen, also das etwas wei-chere Fett aus dem Bauchinneren, Rü-

ckenspeck, der auch als grüner oder fetter Speck auftritt, und das festere Nierenfett, das selbst ohne Auslassen wunderbar split-ternde, mürbe Teige zaubert. Warum also nicht eine kleine Schmalz-Orgie vor der enthaltsamen Fastenzeit?

Berliner

~·~

Ob Pfannkuchen, Kreppel, Krapfen, Ber-liner Ballen oder Fastnachtsküchle – auch Doughnuts hatten ursprünglich kein Loch!

~·~

400 g *Mehl* in eine Schüssel sieben, in die Mitte eine Mulde drücken. 30 g *Hefe* hin-einbröckeln, mit einigen EL lauwarmer *Milch* und 1 Prise *Zucker* verrühren. Zuge-deckt an einem warmen Ort etwa 15 Minu-ten aufgehen lassen, dann alles zusammen mit 70 g *Zucker*, 2 *Eiern*, 65 g weicher *But-ter*, etwas geriebener *Zitronenschale* und 1 Prise *Salz* sowie 150–200 ml lauwarmer *Milch* zu einem geschmeidigen Teig schla-gen, der sich vom Schüsselrand löst. Zuge-deckt wieder etwa 30 Minuten gehen las-

Neutral zum Braten, Backen, Frittieren: Das ist am einfachsten im Ofen. Gut gekühlten Flomen in Würfel schneiden (oder schon vom Fleischer durch den Wolf drehen lassen), und in einem Schmortopf mit 85 ml Wasser pro 500 g Fett ohne Deckel sehr langsam über mehrere Stunden bei 120 °C auslassen, ohne dass das Fett Farbe annimmt. Dabei regelmäßig rühren und die Fettstücke etwas am Topfrand ausdrücken. Durch ein sehr feines Sieb oder Tuch passieren, in saubere Gefäße füllen und verschließen. Dieses Schmalz hält sich im Kühlschrank sehr lange und eignet sich nicht nur für die untenstehenden Rezepte, sondern auch für Sauerkraut, Rotkohl und alles mögliche andere.

Aromatisch als Brotaufstrich, hier zur Abwechslung mit etwas weicherem Gänsefett gemischt: 150 g Schweine- und 500 g Gänseflomen wie oben vorbereiten. In einem Topf unter Rühren vollständig schmelzen, sodass die Fettstücke ganz ausgelassen sind und so zu Grieben werden. Dann nach Geschmack reichlich frischen oder getrockneten Majoran, 2 Zwiebeln in Streifen und 1 kleinen Apfel in Würfel zugeben, in dem Schmalz garen und die Grieben dabei etwas Farbe annehmen lassen. Im Kühlschrank aufbewahren und möglichst bald konsumieren.

Tipps fürs Frittieren: Reines Schweineschmalz (ohne Grieben oder Zusätze) eignet sich bestens zum Frittieren, weil es sehr hoch erhitzt werden kann, bevor es anfängt zu rauchen beziehungsweise zu verbrennen, und im Geschmack neutral ist. Dabei

entsteht außerdem wesentlich weniger „Frittengeruch" als mit Öl oder anderen Fettarten. Man braucht relativ viel Schmalz; wenn man kleine Partien nacheinander ausbackt, sollte man in einem geeigneten Topf aber mit etwa einem Kilogramm auskommen. Nach dem Frittieren kann man das Schmalz passieren und noch zwei- oder dreimal wiederverwenden. Vor dem eigentlichen Erhitzen zum Frittieren lässt man es langsam schmelzen. Die richtige Temperatur ist wichtig, für Gebäck sollte sie bei 180 °C liegen. Am sichersten ist ein Thermometer, ansonsten kann man mit einem Stück Brot testen, das in etwa 30 Sekunden bräunen sollte. Ist das Fett zu kalt, bildet sich nicht schnell genug eine Kruste und das Frittiergut saugt sich voll, ist es jedoch zu heiß, verbrennt das Äußere, bevor das Innere garen kann.

sen, dann nochmals durchkneten. Auf einer bemehlten Fläche etwa 1 cm dick ausrollen und runde Plätzchen ausstechen. Auf die Hälfte davon jeweils in die Mitte 1 Teelöffel *Marmelade* (nach Geschmack, klassisch ist Erdbeermarmelade oder Pflaumenmus) setzen, die Ränder befeuchten, ein zweites Plätzchen daraufsetzen und am Rand gut festdrücken. Die Pfannkuchen nochmals abgedeckt etwas

aufgehen lassen. *Schmalz* in einem großen, weiten Topf auf 180 °C erhitzen, die Pfannkuchen in mehreren Partien mit der Oberseite nach unten hineingeben und unter einmaligem Wenden goldbraun backen. Auf Küchenkrepp abtropfen lassen und eine Seite entweder mit *Zuckerguss* überziehen oder mit *Puderzucker* bestäuben.

SCHERBEN

Dieses alemannische Gebäck schlägt beim Ausbacken Blasen, die leicht absplittern, daher der Name. Wie alles Fettgebackene am besten frisch.

150 g weiche *Butter* mit 2 EL *Zucker* schaumig schlagen, mit 3 *Eiern*, 2–3 EL *Rum*, 1 Prise *Salz*, 3 EL *saurer Sahne* und 500 g *Mehl* zu einem glatten Teig verarbeiten,

BERLINER

15 Minuten ruhen lassen. Auf einer bemehlten Fläche dünn ausrollen und mit einem Teigrädchen unregelmäßige, etwa
5-Euroschein-große Rauten schneiden. Im
heißen *Schmalz* beidseitig goldgelb ausbacken und noch warm mit *Puderzucker* bestreuen.

KÖLNER MUTZEMÄNDELCHEN

*Für diesen rheinländischen Klassiker exis-
tieren unzählig viele Versionen, hier ein relativ reichhaltiges Rezept von Anfang des
20. Jahrhunderts.*

110 g *Butter* mit 200 g *Zucker* gut schaumig rühren. 375 g *Mehl* mit 2 gestrichenen TL *Backpulver* und 100 g geriebenen *Mandeln* mischen und abwechselnd mit 5 verquirlten *Eiern* unter die Butter rühren. Mit einem Löffel kleine Klößchen abstechen, in *Schmalz* ausbacken und mit *Puderzucker* bestäuben.

WILTSHIRE LARDY CAKE

Die Grafschaft Wiltshire in Südwestengland ist traditionell für die Schweinezucht bekannt – also gab es auch immer ausreichend Schmalz. Dieser Kuchen aus hellem Brotteig ist eine üppige Schwelgerei, nach der das Thema Fasten schon viel plausibler erscheint.

450 g *Dinkel-Vollkornmehl* in eine Schüssel sieben, eine Mulde eindrücken und 20 g *Hefe* hineinbröckeln, mit 100 ml lauwarmem *Wasser* verrühren und abgedeckt etwa 15 Minuten gehen lassen. Mit weiteren 200 ml lauwarmem *Wasser*, 1 Prise *Salz* und 15 g weichem *Schmalz* erst in der Schüssel, dann auf einer bemehlten Fläche zu ei-

nem glatten, elastischen Teig kneten. In die Schüssel zurückgeben und abgedeckt etwa 1 Stunde lang zu doppelter Größe aufgehen lassen. Dann auf einer bemehlten Fläche knapp 1 cm dick zu einem Rechteck ausrollen. Jeweils etwa ein Drittel von 150 g *Schweineschmalz* (in Flöckchen), 100 g *Zucker*, 60 g *Zitronat* (gewürfelt) und 150 g *Rosinen* auf zwei Dritteln des Teiges verteilen, das leere Drittel zur Mitte einschlagen und dann das letzte Drittel darüber, sodass die Füllung gleichmäßig zwischen den Teigschichten verteilt ist. Die Enden leicht zusammendrücken, den Teig um 90 Grad drehen, wieder zu einem Rechteck ausrollen und das Ganze zweimal wiederholen. Zum Schluss den Teig entsprechend zusammenschieben oder falten und in eine leicht gefettete Kasten- oder Springform legen. Abgedeckt nochmals 20 Minuten gehen lassen. Bei 200 °C im vorgeheizten Ofen auf einem Blech (da etwas Schmalz ausläuft) etwa 30 Minuten goldbraun backen und noch warm servieren.

WILTSHIRE LARDY CAKE

ACH DU DICKES EI –
Lösungen fürs Osterproblem

%×%

Wer zu Ostern gern echte Hühnereier statt Styropor- oder Holzersatz verziert, kennt das Problem: Bei den allermeisten Techniken ist man am Ostermorgen entweder zum Verzehr grün- und blau gekochter, unverdaulich harter Eier gezwungen, oder aber es kommt einem in den Tagen zuvor das Rührei der vorsichtig ausgeblasenen Eier zu den Osterhasen-Ohren heraus.

%×%

Doch das muss nicht sein. Hier sind Alternativen (natürlich auch für Nicht-Ostereier-Bemaler geeignet), die kein Trennen von Weiß und Gelb im Ei erfordern und sich deshalb für die mit Lungenkraft extrahierte rohe Eimasse eignen. Nicht extra erwähnt ist dabei jegliches Panieren, sei es bei Fisch, Fleisch oder Gemüse, das sich durch die Beigabe von geriebenem Käse oder dem Verwenden von frischer Weißbrotkrume variieren lässt. Für die folgenden Rezepte die jeweilige Menge Eier (Größe L) am besten in der entsprechenden Anzahl in ein Gefäß laufen lassen, ansonsten gilt: Ein Ei entspricht etwa 60 Gramm.

MOUSSE AU CHOCOLAT MIT GANZEN EIERN

~-~

Nicht ganz so schaumig wie mit separat geschlagenem Eischnee, aber köstlich schmelzig.

~-~

200 g dunkle *Kuvertüre* (70 %) im Wasserbad schmelzen. 4 *Eier* mit 40 g *Zucker* erst über Wasserdampf schaumig, dann mit einem Schuss braunen *Rum*, *Whisky* oder *Orangenlikör* kalt schlagen. Die Kuvertüre unter die Eier quirlen und darunter sehr vorsichtig 250 g steif geschlagene *Sahne* ziehen.

MOUSSE AU CHOCOLAT

OSTERZOPF

OSTERZOPF

Eine reichhaltige Alternative zum Hefeteig.

Für einen großen oder zwei kleinere Zöpfe 500 g *Mehl* (Typ 1050, mit herkömmlichem Mehl behält der Teig jedoch besser die Form beim Backen) mit 1 Päckchen *Backpulver* sieben, in einer Mulde in der Mitte 200 g *Zucker*, *Vanille*, *Salz*, *Orangenschale* und etwas gemahlenen *Kardamom* sowie 2 *Eier* zu einem dicken Brei vermischen. 175 g kalte *Butter* in Würfeln, 250 g trockenen *Schichtkäse*, 125 g *Rosinen*, 125 g grob gemahlene *Walnüsse* und 40 g *Orangeat* in Würfeln dazugeben und alles zusammen zu einem glatten Teig kneten. In drei Teile teilen, diese zu spitz auslaufenden Rollen formen und einen Zopf flechten. Etwa 1¼ Stunden bei 160 °C backen. Nach Belieben mit erwärmter *Orangenmarmelade* oder *Aprikosenkonfitüre* und/oder *Zuckerguss* bestreichen.

ZITRONENCREME

In ihrer englischen Heimat heißt diese Creme Lemon Curd und wird vor allem zum Nachmittagstee auf Butterbrot gestrichen. Sie schmeckt aber auch auf dem Frühstücksbrötchen, und in vorgebackene Mürbeteigböden gefüllt und mit gesüßtem Eischnee gratiniert wird daraus Lemon Meringue Pie.

Für zwei Gläser fein abgeriebene Schale und Saft von 2 großen unbehandelten *Zitronen*, 200 g *Zucker* und 90 g *Butter* im Wasserbad unter Rühren erwärmen, bis sich Butter und Zucker aufgelöst haben. Die Schüssel aus dem Wasserbad nehmen, 3 große *Eier* leicht verschlagen, durch ein Sieb zur Zitronenmasse geben und gut vermischen. Dann unter Rühren weiter erwärmen, bis das Ganze dicklich wird; hält sich in Gläsern im Kühlschrank gut 14 Tage.

ZITRONENCREME

ZITRONENKUCHEN

Eine Weiterverwendung für die Zitronencreme, außerdem ein schneller und großartig erfrischender Kuchen – Schlagsahne dazu schadet keineswegs.

Für eine kleine Springform (18 cm Ø) 110 g *Butter* mit 110 g *Zucker* und 2 EL *Zitronencreme* schaumig schlagen, 2 verquirlte *Eier* sowie 140 g *Mehl*, 1 TL *Backpulver*, die abgeriebene Schale von 1 *Zitrone* und 1 Prise *Salz* untermischen. Den Teig in die gefettete Form geben und glatt streichen, im vorgeheizten Ofen bei 160 °C etwa 45 Minuten goldbraun backen. Den Saft einer großen *Zitrone* mit 2 EL *Zucker* erwärmen und über den noch warmen Kuchen träufeln. Schmeckt nach zwei bis drei Tagen noch besser.

RHABARBER-SANDKUCHEN

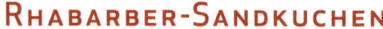

Die meisten Erdbeeren sehen zu Ostern zwar hübsch aus, schmecken aber selten richtig aromatisch, währenddessen der Rhabarber oftmals schon in besserer Form ist.

Für eine Springform (24 cm Ø) 300 g *Rhabarber* in kleinere Würfel schneiden, mit 75 g *Zucker* bestreuen, den Saft einer halben *Orange* darübergeben und ein wenig ziehen lassen. Abgedeckt im Ofen bei 140 °C ca. 15 Minuten bissfest garen, erkalten und abtropfen lassen. 6 *Eier* mit 340 g *Zucker* schaumig schlagen. Separat 340 g *Butter* mit *Salz*, *Vanille* und abgeriebener *Zitronenschale* ebenfalls gut schaumig schlagen und die Eimasse daruntermischen. 200 g *Weizenstärke* mit 200 g *Mehl* und 1 Päckchen *Backpulver* sieben und unter die Ei-Buttermasse mischen. Etwa

zwei Drittel des Teiges in eine gefettete, gemehlte Springform füllen, den Rest mit dem mit etwas Mehl bestäubten Rhabarber mischen und darauf verteilen. Im vorgeheizten Ofen bei 180 °C etwa 50 Minuten backen.

KRÄUTER-CRÊPES

Die dünnen Eierkuchen mit vielen Kräutern schmecken einfach so oder zu gedämpftem Gemüse, Lachs, Hühnerfrikassee …

Für etwa 15 mittelgroße Crêpes 150 g *Mehl* mit 500 ml lauwarmer *Milch*, 1 Prise *Salz* und *Muskatnuss* sowie 3 *Eiern* verquirlen, 150 g in der Pfanne leicht gebräunte *Butter* untermischen. 30 Minuten ruhen lassen. Reichlich frische gehackte *Kräuter* unter den Teig mischen. In einer ganz leicht gebutterten Pfanne bei nicht zu starker Hitze möglichst dünne Crêpes backen.

KAROTTENNÄPFCHEN

Karotten in ihrer cremigsten Form, andere Gemüse ergänzend, zu Salat oder zum Osterlammbraten – und es lohnt sich, nach besonders aromatischen Karotten zu suchen!

350 g *Karotten* schälen und grob zerkleinern. Mit 1 EL *Butter*, 100 ml *Hühnerbrühe*, *Salz* und *Muskatnuss* ganz weich dünsten. Mit dem Stabmixer pürieren, 175 g flüssige *Sahne* und 2 *Eier* untermischen; nochmals abschmecken. In vier gebutterte Förmchen füllen und im Wasserbad (in einem tiefen Backblech oder einer großen Auflaufform mit fingerhoch heißem Wasser) im Ofen bei 180 °C etwa 40 Minuten garen. Nach Belieben stürzen oder in den Förmchen servieren.

FRITTIERTE ZIEGENKÄSENOCKEN

Ein Snack zum Aperitif oder eine Knusperbeilage zum grünen Salat. Schmecken lauwarm am besten.

60 g altbackenes, entrindetes, helles *Brot* ein paar Minuten in Wasser einweichen, gut ausdrücken und fein zerpflücken. Das Brot mit 1 EL fein geschnittenem *Basilikum*, 2 *Eiern*, 125 g geriebenem *Ziegenschnittkäse* sowie frisch gemahlenem *weißen Pfeffer* zu einem Teig vermischen, mit Folie abgedeckt 3 Stunden kalt ruhen lassen. Dann etwa 500 ml neutrales *Öl* (z.B. Traubenkernöl) in einem weiten Topf erhitzen, mit einem Teelöffel kleine Nocken von der Käsemasse abstechen und portionsweise goldbraun frittieren. Auf Küchenpapier abtropfen lassen.

IT'S TIME FOR TEA –
Sommerlich-britische Teezeremonie

%×%
Wer träumte nicht gelegentlich vom Five o'clock Tee: serviert in Silberkannen, begleitet von zierlichen Broten und feinem Gebäck, auf grünem Rasen, umgeben von Rosenblüten … Auch wenn es sich dabei weitgehend um eine verklärte Vorstellung der britischen Lebensgewohnheiten handelt – was spricht dagegen, den Traum an einem ruhigen Sonntagnachmittag wahrzumachen?
%×%

Entsprechend dem Brunch, dieser wunderbar entspannten Kombination von Frühstück und Mittagessen am (Vor)mittag, lässt sich die zweite Tageshälfte kulinarisch hervorragend mit einem englischen Afternoon Tea verbringen. Denn mit einem weit verbreiteten Irrtum sei hier gleich aufgeräumt: Teezeit ist bei unseren Inselnachbarn oft nicht „five o'clock", sondern um vier Uhr. Und an Werktagen und in einfacheren Kreisen handelt es sich dabei um eine eher formlose Angelegenheit, nämlich einen Topf Tee mit Milch (wiederum entgegen landläufiger Ansichten ist der meiste Tee im Vereinigten Königreich zwar stark, aber von der sehr einfachen Art!), dazu ein Sandwich oder eine Scheibe Früchtebrot mit Butter. Aber bei entsprechendem Anlass und außergewöhnlicher Kulisse wird zelebriert und genossen, und das Ganze lässt sich gut bis in den Abend ausdehnen.

Eingeführt hat das Teetrinken in England angeblich die Portugiesin Katharina von Braganza, die bei ihrer Heirat mit König Charles II. 1662 ein Teeservice in ihrer Aussteuer mitbrachte und darauf bestand, das bis dahin in England übliche Bier durch den in ihrer Heimat längst verbreiteten Aufguss chinesischer Blätter zu ersetzen. Erst Anfang des 19. Jahrhunderts prägte dann die Herzogin von Bedford die Tradition des Afternoon Tea, als sie regelmäßig einen (ausschließlich weiblichen) Kreis zu Tee und Imbiss zwischen Mittag- und Abendessen einlud.

Mit der Zeit hat sich darum ein kompliziertes Regelwerk an Upper Class-Etikette und Traditionen gewoben. Über die feinen Nuancen zwischen Low, Cream, High und Royal Tea und deren genaue Definition werden endlose, exzentrische Debatten geführt. Auf keinen Fall darf heute der Tee aus der Untertasse geschlürft werden (wie noch zu Queen Victorias Zeiten üblich): Tasse und Unterteller werden vielmehr zusammen auf Brusthöhe gehoben (und dort von englischen Ladies selbst fortgeschritten-zittrigen Alters erstaunlich lange und sicher balanciert!) und erst dann die Tasse zum Mund geführt – ob mit abgespreiztem kleinen Finger oder nicht, ist ungeklärt … Doch fernab aristokratischer Rituale und steifer Vornehmheit teurer Londoner Hotels wie dem Ritz oder dem Dorchester geht es grundsätzlich um eine Mischung von süßen und pikanten Broten und Gebäck zum Tee, wobei ein Glas Champagner oder ähnliches durchaus willkommen ist. Das lässt sich auch diesseits des Ärmelkanals genießen. Das „gute" Teeservice hat hier seinen Auftritt, und es bietet sich eine optimale Gelegenheit, um eventuell vorhandene silberne Kuchengabeln und ähnliches auf Hochglanz zu bringen. Der Blick auf Rasengrün und Rosenblüten hilft ebenfalls, bei sommerlichem Wettertief aber auch ein gemütliches Sofa – und vielleicht ein Kamin?

SCONES

Diese „Brötchen" sind ein Mittelding zwischen Kuchen und Keks und mit Clotted Cream und Erdbeermarmelade ein absolutes Muss für einen Afternoon Tea von Mindestniveau. „Clotted Cream", die „geklumpte" Sahne aus Südwestengland, wird traditionell im Ofen im Wasserbad zu ihrer goldgelben

Cremigkeit verdichtet und ist dadurch auch an der dünnen Kruste zu erkennen. Inzwischen gibt es sie auch auf dem „Kontinent" in gut sortierten Kühlregalen.

~-~

225 g *Mehl* mit 1 gehäuften TL *Backpulver* sieben und mit 40 g *Zucker* sowie 1 Prise *Salz* mischen. Mit 75 g gewürfelter kalter *Butter* verreiben, dann mit 1 verquirlten *Ei* sowie 3–4 EL *Buttermilch oder Joghurt* schnell und locker mit den Fingern zu einem relativ weichen, aber formbaren Teig mischen. Etwa 2 cm dick ausrollen, 5 cm große Taler ausstechen (etwa 10 Stück), auf ein Blech setzen und im vorgeheizten Ofen bei 200 °C etwa 10 Minuten goldgelb backen.

ZITRONENCREME-TARTE

~-~

Mit erfrischender Säure setzt sie die ersten Himbeeren ins richtige „Tee"-Licht.

~-~

175 g *Mehl* mit 1 Prise *Salz* mischen, mit den Fingerspitzen oder der Küchenmaschine schnell mit 100 g sehr kalter *Butter* (in Würfeln) zu Streuseln verreiben, dann etwa 60 ml sehr kaltes *Wasser* untermischen und alles zu einem Teig zusammendrücken. In Klarsichtfolie gewickelt mindestens 2 Stunden kalt stellen. Eine Tarteform von 20 cm Durchmesser damit auslegen (mit Rand!) und im vorgeheizten Ofen bei 180 °C 15 Minuten vor-

backen. 2 *Eigelb*, 80 g *Zucker*, 15 g geschmolzene *Butter*, 160 ml *Crème Fraîche*, 1 gestrichenen EL *Mehl* sowie 2 EL *Zitronensaft* und reichlich abgeriebene *Zitronenschale* verquirlen und in den *Mürbeteigboden* gießen. 100 g *Himbeeren* darauf verteilen und bei 160 °C eine gute halbe Stunde backen, bis die Füllung gestockt ist. Gut auskühlen lassen.

ECCLES CAKES

Diese Kuchen sind eigentlich eine Art süße Brötchen, sie stammen ursprünglich aus dem gleichnamigen Ort in der Nähe von Manchester.

125 g *Korinthen* mit 30 g *Zitronat* sowie jeweils ½ TL gemahlenem *Piment*, *Zimt* und *Muskatnuss* mischen. 30 g *Butter* mit 60 g *Zucker* schmelzen, die Korinthenmischung dazugeben und kurz mit erwärmen, dann abkühlen lassen. Für den Teig 340 g *Mehl* mit 1 Prise *Salz* sieben, mit 110 g *Butter* und 60 g *Schmalz* (beides kalt und in kleinen Stücken) verreiben. Mit etwa 4 EL sehr kaltem *Wasser* schnell zu einem Teig zusammendrücken. Den sehr bröckeligen Teig etwa 2–3 mm dick ausrollen und 12 Kreise von 10 cm Durchmesser ausstechen. Jeweils in die Mitte einen Löffel von der Füllung setzen, die Ränder zu einem Päckchen zusammendrücken, diese Päckchen umdrehen, sodass die glatte Seite oben liegt, und rund und flach drücken. Mit etwas verquirltem *Eiweiß* bestreichen, mit *Zucker* bestreuen und dreimal parallel leicht einschneiden. Bei 180 °C etwa 15 Minuten backen.

FLAPJACK

~-~-~-~-~-~-~-~-~-~-~-~-~-~-~-~-~-~-~

Eine Art Müsliriegel, der nicht nur besonders bei Kindern gut ankommt und nicht nur zum Tee passt.

~-~-~-~-~-~-~-~-~-~-~-~-~-~-~-~-~-~-~

110 g *Butter* mit 1½ TL *Rübensirup* in einem Topf schmelzen, mit 1 Prise *Salz*, etwas *Vanille* und *Ingwerpulver* würzen. 225 g *Haferflocken* und 75 g braunen *Zucker* untermischen. Die Masse etwa 2 cm hoch gleichmäßig in einer gefetteten Form oder auf einem Blech verteilen und glatt drücken, im vorgeheizten Ofen bei 160 °C gut 20 Minuten backen, bis die Ränder leicht karamelisieren. Noch leicht warm mit einem Messer in Spitzen oder Streifen schneiden. Hält sich in einer Dose an einem kühlen Ort ziemlich lange.

SANDWICHES

~-~-~-~-~-~-~-~-~-~-~-~-~-~-~-~-~-~-~

Ganz klassisch und wirklich ein Muss ist die von Nicht-Engländern oft belächelte, aber zum Tee tatsächlich hervorragende Variante mit Gurken.

~-~-~-~-~-~-~-~-~-~-~-~-~-~-~-~-~-~-~

Dünne Scheiben *Kastenweißbrot* mit *Butter* bestreichen (das geht am besten, bevor man die Scheibe vom Laib schneidet!) und mit ebenfalls sehr dünnen Scheiben geschälter *Salatgurke* belegen. Ganz leicht salzen, zusammenklappen und die Brotrinden abschneiden (ja, das ist eigentlich Verschwendung – aber erstens schmecken diese „Abfälle" schon in der Küche gut und zweitens sind kulturelle Rituale immer auch Luxus). Nach ähnlichem Schema wird *geräucherter Lachs* oder *Forelle* mit etwas *Meerettich* in handliche Form gebracht, oder auch gehacktes gekochtes *Ei* mit *Kresse*.

TARTLETTS

Ein klares Upgrade im Vergleich zum Sandwich, etwa mit Shrimps, Avocado und einer Koriandercreme.

Kleine Förmchen aus *Mürbe- oder Blätterteig* mit einigen grob gehackten *Rucolablättern* auslegen, dann mit *Shrimps oder Krabben*, vermischt mit gehackter *Avocado* und etwas *Limettensaft*, füllen. *Crème Fraîche oder saure Sahne* mit reichlich gehacktem *Koriander*, *Salz* und *Pfeffer* abschmecken und die Tartletts damit krönen.

KÄSESTANGEN

~o~o~o~o~o~o~o~o~o~o~o~o~o~o~o~o~o~o~o~o~o~o~o~

Mürbe und knusprig zugleich – machen auch
zum Champagner Spaß.

~o~o~o~o~o~o~o~o~o~o~o~o~o~o~o~o~o~o~o~o~o~o~o~

150 g *Mehl* mit *Salz*, etwas *Senfpulver* und
Cayennepfeffer sieben. Mit den Fingerspitzen mit 75 g kalter, gewürfelter *Butter* verreiben, dann 100 g kräftigen geriebenen
Käse untermischen. 1 großes *Eigelb* mit
2 EL *Wasser* verquirlen und in das Mehl-
Käse-Gemisch einarbeiten, dabei nur
leicht kneten. Den Teig 30 Minuten im
Kühlschrank ruhen lassen, dann auf be-
mehlter Fläche etwa 3 mm dünn ausrollen, in 1 cm breite Streifen schneiden oder

Der Tee

In England wird der Tee auch in erstklassigen Häusern meist direkt in der Kanne aufgegossen, sodass er immer stärker und sehr schnell unangenehm bitter wird – da hilft auch das dazu gereichte heiße Wasser nichts. Zweckdienlicher ist es, die Blätter (mir genügen etwa acht Gramm auf den Liter, andere empfehlen bis zu zwölf) in einer anderen Kanne oder einem Krug mit dem frisch aufgekochten Wasser (bei kräftigen Sorten ist Leitungswasser sehr akzeptabel, doch je feiner der Tee, desto entscheidender ist kalkarmes, nicht salziges Wasser) zu übergießen – bei grünem Tee sollte das Wasser vorher auf etwa 70 °C abkühlen. Drei bis fünf Minuten ziehen lassen, dann durch ein Sieb in die Servierkanne abgießen.

Ein **Assam** ist kräftig, etwas malzig in seiner Würze und schmeckt am besten mit einem Tropfen kalter Milch.

Ein **Darjeeling Second Flush** tendiert ebenfalls ins Dunkle, wirkt aber durch seine Herkunft aus der Bergluft des Himalajas deutlich feiner und etwas leichter.

Der halbfermentierte **Oolong** ist noch heller und erfrischender. Ganz und gar nicht „traditionally british" (da parfümierter Tee allenfalls in Form von bergamottezitrussigem Earl Grey akzeptiert wird) ist **Jasmintee** – doch wenn er so elegant und zart wie aus den handgerollten chinesischen Dragonpearls schmeckt, die keinesfalls länger als zwei bis drei Minuten ziehen sollten, dann ist er besonders bei hochsommerlichen Nachmittagstemperaturen geradezu ideal.

---

radeln und auf Backpapier bei 180 °C backen, bis sie hellbraun und knusprig sind. Aus demselben Teig lassen sich natürlich auch Kekse backen, die mit pikanter Marmelade bestrichen sehr gut schmecken; dafür zum Beispiel *Tomaten* mit *Chili*, *Ingwer*, *Balsamessig* und *braunem Zucker* einkochen.

Scones mit Cheddar und Estragon

~⌐~⌐~⌐~⌐~⌐~⌐~⌐~⌐~⌐~⌐~⌐~⌐~⌐~

Hier wäre Clotted Cream fehl am Platze, diese würzige Scones-Variante schmeckt am besten noch ofenwarm mit Butter.

~⌐~⌐~⌐~⌐~⌐~⌐~⌐~⌐~⌐~⌐~⌐~⌐~⌐~

225 g *Mehl* mit ½ TL *Salz* und 1 gehäuften TL *Backpulver* in eine Schüssel sieben. Mit 55 g gewürfelter, kalter *Butter* verreiben, 75 g geriebenen *Cheddar* und 3 EL fein gehackten *Estragon* untermischen. Mit etwa 150 ml *Milch* schnell zu einem weichen Teig mischen, gut 1 cm dick ausrollen, 5 cm große Taler ausstechen und auf ein Blech setzen. Im vorgeheizten Ofen bei 200 °C etwa 10 Minuten goldgelb backen.

SCONES

Luxusfrucht Mango –

Tochter der Sonne

%×%

Surya Bai, die Tochter der Sonne, verwandelte sich in einen goldenen Lotus, um einer bösen Zauberin zu entkommen. Als der König des Landes sich in die Pflanze verliebte, verbrannte sie die Zauberin zu Asche. Aus dieser wuchs jedoch ein Mangobaum, dessen Blüten und Früchte des Königs Gefallen fanden. Als die reifen Früchte zu Boden fielen, entstieg aus ihnen Surya Bai, und der König erkannte in ihr seine seit Langem vermisste, geliebte Frau.

%×%

Wie Kiwis und Limetten gehören Mangos seit Jahren zum festen Inventar beim hiesigen Obstangebot, sei es in Fachgeschäften oder Supermärkten. Allerdings geben sie sich nur selten als Töchter der Sonne zu erkennen: Hart und trocken sind die meisten, wie eine extrem unreife Birne, noch dazu von unangenehmen Fasern durchzogen. Mit etwas Glück und Gespür lassen sich aber auch in deutschen Breitengraden die Ursprünge der alten indischen Legende nachvollziehen; von Ende März bis Ende Juni bieten engagierte Händler Flug-Mangos aus Thailand, Pakistan und Indien an, von denen die besten Exemplare wahrhaft göttlicher Genuss sind.

Die Tochter der Sonne ist ein Kind der Tropen und Subtropen, Kälte ist sowohl der Pflanze als auch der Frucht zuwider. Ihr Ursprung scheint in den tropischen Wäldern in Assam im Nordosten Indiens zu liegen, bis hinein nach Bangladesh und Burma, wo man noch heute auf wilde „Ur-Mangos" stößt. Geoutet als Sonnen-Tochter hat sie sich jedoch erst durch den gezielten Anbau und die stete Selektion von Pflanzen mit den saftigsten, süßesten Früchten. Da die Mango wie der Apfel nicht samenecht ist, hat sie über die Jahrtausende eine ungeheure Sortenvielfalt entwickelt, angepasst an viele unterschiedliche Standorte bis nach Südindien, über ganz Südostasien und westlich bis nach Persien. Als die Portugiesen in Goa begannen, besonders interessante Sorten durch die Pfropfmethode zu vermehren, wurde die Mango eine Zeitlang zum Statussymbol der Reichen und Mächtigen. Damals entstand unter anderem die kleine, nahezu rundliche Alphonso. Mit ihrem muskatig-balsamischen, wahrhaft betörenden Aroma ist sie nach wie vor der

Reife Mangos erkennen

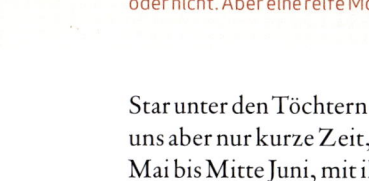

Eine reife Mango kann alle Farben von Grün über Gelb bis Rot und auch kleine dunkle Flecken haben – optisch gibt sie sich allenfalls dadurch zu erkennen, dass die zuvor straffe, glänzende Haut allmählich etwas stumpfer, ledriger erscheint. Auch ihre Form kann von kindskopfrund bis keilförmig spitz variieren, ihr Gewicht von 100 bis 2000 Gramm, sie kann eine schnabelförmige Spitze haben oder nicht. Aber eine reife Mango lässt sich erduften, sie muss duften (je mehr dabei die harzigen Noten überwiegen, desto fortgeschrittener ist der Reifeprozess, wenn Terpentin deutlich mit ins Spiel kommt, ist das ein Zeichen für Überreife). Und sie lässt sich ertasten, allerdings nur durch ein leichtes Nachgeben im Gegensatz zu praller Härte.

Doch wie gebührend umgehen mit der Tochter der Sonne, ist man ihrer erst einmal in voller Schönheit habhaft geworden? Auf keinen Fall hebe man sie im Kühlschrank auf, sondern bei angenehmer Zimmertemperatur. Dann betrachte man sie eingehend und bedenke, dass der flache, längliche Stein mittig auf der Ebene zwischen den äußeren Kanten des ovalen Umrisses liegt. Man stelle sie also auf den Stielansatz und schneide vorsichtig mit einem scharfen Messer von der oberen Spitze einmal rechts und einmal links flach am Stein entlang und schäle diese beiden „Wangen“ – oder löffle sie direkt aus der Schale. Vom verbleibenden Fruchtfleisch beidseitig des Steins entferne man die Schale und lutsche und sauge es genussvoll von demselben …

Star unter den Töchtern der Sonne, beehrt uns aber nur kurze Zeit, etwa von Anfang Mai bis Mitte Juni, mit ihrer Anwesenheit – wer sie verpasst, kann sich mit dem ausgezeichneten Püree aus indischen Alphonso-Mangos trösten (in Bio- und Asia-Läden).

Mit den Portugiesen und später den Spaniern wanderte die Mango, deren Name nicht nur im Deutschen auf das tamilische „man-gay“ zurückgeht, nach Afrika, Süd-, Mittel- und Nordamerika, im 20. Jahrhundert schließlich auch nach Israel, Australien und Südspanien. Obgleich Indien heute nach wie vor als Mango-Produzent an erster Stelle rangiert, stammen die Früchte in unseren Obstregalen vor allem aus Thailand, Brasilien, Südafrika, Guatemala, Mexiko, Florida, Venezuela und Israel, neuerdings auch aus ökologischem Anbau in Burkina Faso, und sorgen so für die Versorgung rund ums Jahr. Vieles davon sind aber leider Sorten, bei denen Ertragszuverlässigkeit und Unempfindlichkeit beim Transport im Vordergrund stehen statt Aroma, Saftigkeit und Faserfreiheit. Sie werden noch dazu – im Gegensatz zu den zugegebenermaßen nicht ganz billigen Flug-Mangos – oft zu früh gepflückt und reifen dann ähnlich wie Pfirsiche nur unvollkommen nach.

Mango-Curry

~·~·~·~·~·~·~·~·~·~·~·~·~·~·~·~·~·~·~·~

Ein Rezept aus Kerala im Südwesten Indiens. Ein Curry ist immer ein gewürztes Gemisch aus verschiedensten Zutaten. Dieses passt hervorragend zu kurzgebratenem Fleisch oder Thunfisch und gegrilltem Huhn, aber auch zu gebratenem Spargel, zu Brokkoli oder Blumenkohl. Es lässt sich übrigens auch einfrieren.

~·~·~·~·~·~·~·~·~·~·~·~·~·~·~·~·~·~·~·~

150 g *Kokosraspeln* in einer Schüssel mit warmem Wasser gerade bedecken und 1 Stunde quellen lassen. Dann mit 3–4 frischen, kleinen, scharfen *grünen Chilischoten*, grob gehackt, sowie ½ EL *Kreuzkümmelsamen* und 250 ml *Wasser* in der Küchenmaschine pürieren. Das Fleisch von 3–4 reifen *Mangos* (je nach Größe) grob würfeln und mit 250 ml *Wasser* bei mittlerer Hitze abgedeckt weich kochen (das Ganze lässt sich

Eventuell noch etwas nachsalzen. 2 EL *Öl* in einer kleinen Pfanne erhitzen, 1 TL *braune Senfsamen* hineingeben. Wenn sie anfangen zu springen, 3–4 getrocknete, kleine *rote Chilischoten*, ½ TL *Bockshornklee* und 10 *Curryblätter* zugeben. Unter Rühren schnell anbraten, bis die Chilischoten dunkel werden; zum Mango-Curry geben.

HUMMER ODER GARNELEN AUF MANGO-SPINATSALAT

Einfach und edel …

auch durch 1 große Dose Alphonso-Mangopüree ersetzen). Mit je 1 TL gemahlener *Kurkuma*, *Cayennepfeffer* und *Salz* würzen, eventuell mit etwas *braunem Zucker* süßen. Mit dem Stabmixer grob pürieren, die Kokosmasse untermischen. Abdecken und bei mittlerer Hitze unter gelegentlichem Rühren 10–15 Minuten kochen. 300 ml *Naturjoghurt* untermischen und alles nochmals erhitzen, aber nicht mehr kochen lassen.

Pro Person 1 Handvoll *junge Spinatblätter* sowie ½ nicht zu reife, gewürfelte *Mango* mit einer Vinaigrette aus *Traubenkernöl*, *Sherryessig*, *Estragonsenf*, *Meersalz* und frisch gemahlenem *schwarzen Pfeffer* anmachen. Mit einem frisch abgekochten halben *Hummer* oder in der Schale kurz gebratenen, halbierten *Riesengarnelen* servieren.

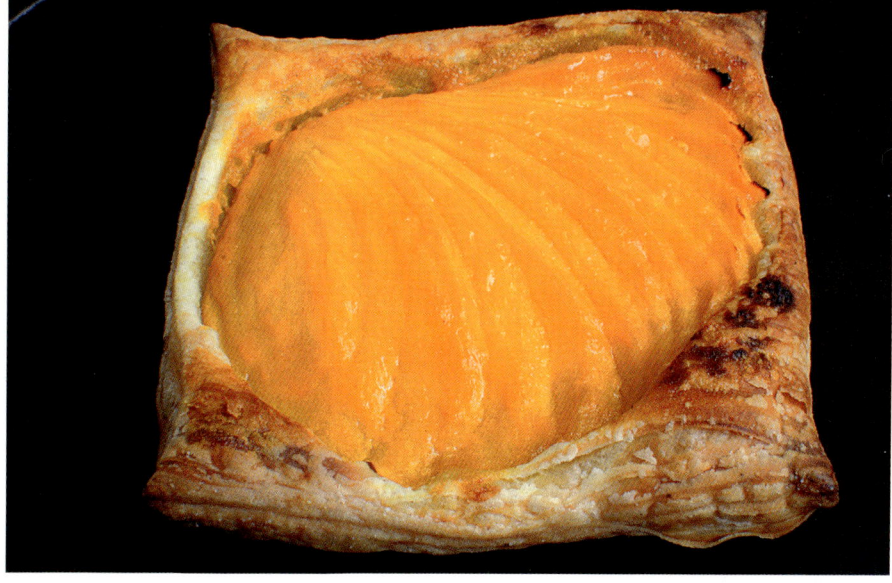

MANGO-TÖRTCHEN

~·~

Schmecken lauwarm besonders gut, mit Vanilleeis oder Schlagsahne dazu, letztere nach Belieben mit Limone, Chili oder Espresso abgeschmeckt.

~·~

4 Platten *TK-Blätterteig* (ca. 12 x 12 cm) auftauen lassen, mit jeweils 1 fächerartig aufgeschnittenen *Mangohälfte* belegen. 120 g *Mangopüree* mit 30 g *Butter* und 80 g *Zucker* aufkochen, 3 cl *Rum* untermischen. Die Mangos damit bepinseln und im gut vorgeheizten Ofen ca. 15 Minuten bei 220 °C backen, bis sie goldbraun sind (Hitze nach 5 Minuten auf 180 °C reduzieren). Das Bepinseln dabei wiederholen.

MANGO-CREME MIT LIMONE UND KARDAMOM

~·~

Statt frischer Mangos lassen sich dafür auch bestens 300 Gramm Mangopüree verwenden.

~·~

Das Fleisch von 1 frischen *Mango* (ca. 300 g schwer) mit der abgeriebenen Schale und dem Saft von 1 *Limette* und ¼ TL gemahlenem *Kardamom* sowie 2 EL *braunem Zucker* mit dem Stabmixer pürieren. 150 g geschlagene *Sahne* unterziehen, in Schalen füllen, mit Folie abdecken und mindestens 1 Stunde in den Kühlschrank stellen.

Junges Gemüse, frischer Genuss –
Ein Frühsommerfest

Ob nun aus gesundheitlichen, ethischen oder ökologischen Gründen – für alle, die weniger Fleisch essen oder auch ganz darauf verzichten möchten, gibt es im Frühsommer ein Traumangebot an jungem Gemüse. Blättrig, knackig, zart oder würzig, ein ganzes Menü in Grün lässt sich aus dem üppigen Angebot zusammenstellen.

Je kürzer der Weg zwischen Feld oder Garten und Küche beziehungsweise Teller, desto besser: Dann sind die Erbsen noch süß und zart, der Lauch saftig und der Kohlrabi hat sein ganzes frisches Blattwerk, das fein geschnitten dem Gemüse zusätzlichen Kick verleiht und keinesfalls dem Abfalleimer überlassen werden sollte.

Frühlingsrollen mit Kopfsalat, Gurke, Spargel und Kohlrabi

Rohkostsalat als Fingerfood; die Zusammensetzung lässt sich beliebig variieren.

1 *Kopfsalat* waschen. ½ *Salatgurke* schälen, nochmals halbieren und diese knapp 10 cm langen Stücke erst in dünne Scheiben und dann in ebenso dünne, lange Streifen schneiden. Mit 5 dicken Stangen *weißem Spargel* sowie 1 großen *Kohlrabiknolle* genauso verfahren. 18 runde *Reispapierplatten* (22 cm Ø, aus dem Asialaden, möglichst speziell für frische Frühlingsrollen) einige Minuten in kaltem Wasser einweichen und auf einem feuchten Tuch ausbreiten. Jeweils in der Mitte ein Quadrat von etwa 10 cm mit 1 größeren oder 2 kleinen Salatblättern (Strunk herausschneiden) belegen, mit sehr wenig *Olivenöl* beträufeln. Die Gemüse daraufsetzen, die untere Seite des Reispapiers mit dem Salatblatt darüberklappen, die Seiten darüberfalten und alles recht straff aufrollen. Auf einer leicht angefeuchteten Platte stapeln und bis zum Servieren mit einem feuchten Tuch abdecken. *Wasabi* aus Pulver anrühren (oder aus der Tube, beides aus dem Asialaden) und mit *süßer Sojasauce* als Dip mischen.

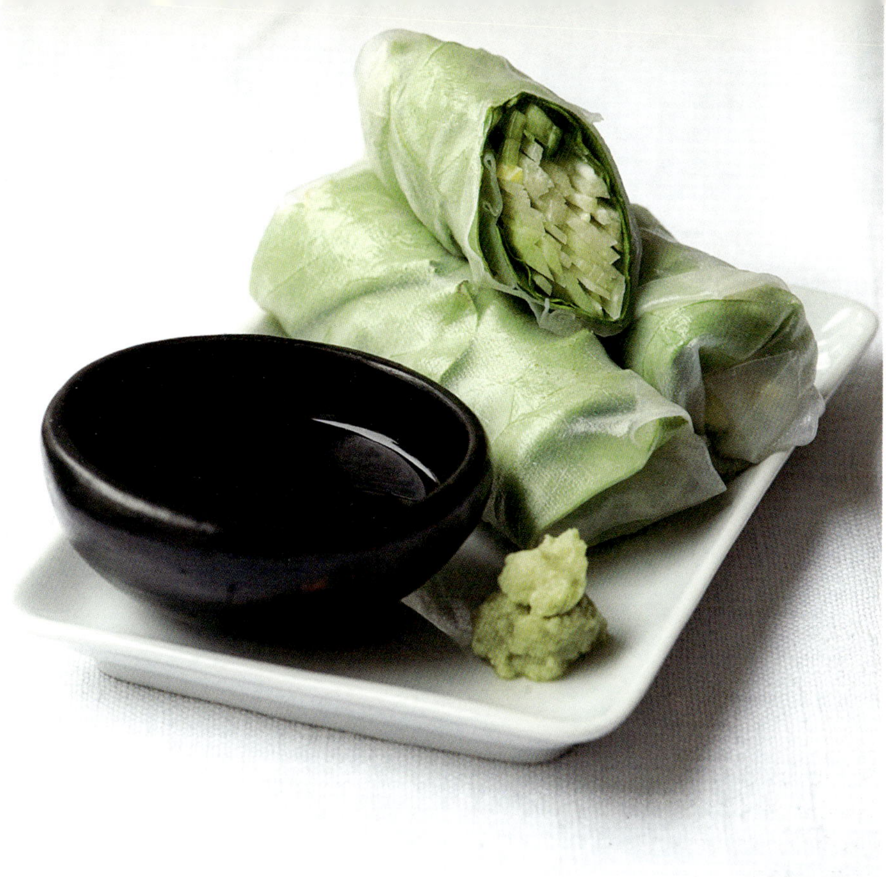

FRÜHLINGSROLLEN

Kartoffel-Lauchsuppe mit grünem Spargel und Rucola

Lässt sich gut mit einer Einlage aus Fisch oder Shrimps erweitern.

Für 6 Portionen 1 mittlere *Zwiebel* würfeln und in 60 g *Butter* glasig schwitzen. 2 mittlere *Lauchstangen* (etwa 250 g) in Scheiben, 400 g *grünen Spargel* in Stücken und 400 g *Kartoffeln* in großen Würfeln dazugeben, salzen und kurz mitdünsten, dann 1 Liter *Wasser* angießen und alles weich kochen. Mit dem Pürierstab auf die gewünschte Konsistenz bringen und 100 g flüssige *Sahne* untermischen. Zwei Handvoll *Rucola*

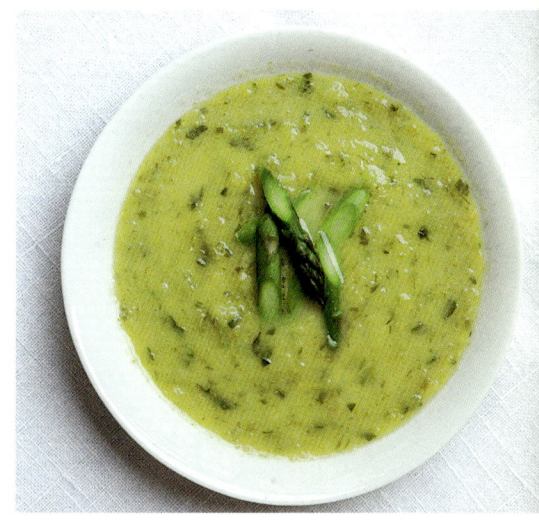

KARTOFFEL-LAUCHSUPPE

fein hacken und in der Suppe einmal aufkochen. Mit *Salz*, wenig *weißem Pfeffer* und
etwas *Muskatnuss* abschmecken.

JUNGER LAUCH MIT VINAIGRETTE UND EI

*Eine Vorspeise, die sich mit klein geschnitte-
nen Anchovis oder Matjes variieren lässt; begleitet aber auch größere Fischstücke.*

16–20 ganz junge, knapp fingerdicke und
handlange *Lauchstangen* (oder entsprechend Zwiebellauch) putzen, gut waschen
und in Salzwasser weich kochen. Aus dem
Wasser nehmen, abkühlen lassen und vorsichtig etwas ausdrücken. 2 hartgekochte

Eier grob hacken. 1 *Schalotte* fein würfeln,
mit 2 EL *Weißweinessig* mischen, *salzen* und
pfeffern, 4 EL *Olivenöl* einrühren und über
den Lauch geben. Mit dem Ei und gehackten *Kräutern* nach Belieben bestreuen.

MANGOLD-SPINAT-TÖRTCHEN

*Auch eine größere Torte oder kleine Taschen
sind möglich, und wer es eilig hat, verwendet
TK-Blätterteig. Die Mangoldstiele ergeben
ein anderes Gericht: weich gekocht, mit reichlich gehackter Petersilie, frischem Knoblauch
und Olivenöl vermischt und dann mit Sem-
melbröseln und Butterflöckchen gratiniert.*

300 g *Mehl* mit 3 EL *Olivenöl*, 1 gestrichenem TL *Salz* und 125 ml *Wasser* zu einem glatten Teig verarbeiten, abdecken. *Mangoldblätter*, *Spinatblätter*, *Rucola* und *Kräuter* nach Belieben (Nettogewicht insgesamt etwa 400 g) waschen, gut trocknen und mit dem Messer grob hacken. Einen kleinen *Kohlrabi* in sehr feine Würfel schneiden, das Grün ebenfalls grob hacken, 2 *Frühlingszwiebeln* in feine Ringe schneiden. Zusammen mit 75 g fein geriebenem *Schafs- oder Ziegengouda*, 1½ EL *Olivenöl* und 1 *Ei* unter die Kräuter mischen, mit *Salz* und *Pfeffer* kräftig abschmecken. Zwei

🌱 GEBRATENE GURKE

Drittel des Teigs sehr dünn ausrollen, Kreise von etwa 14 cm Ø ausstechen, die Förmchen eines Muffinbleches (12 Mulden) damit auslegen, sodass ein kleiner Rand überlappt (oder auf ein Blech legen und dann als Taschen zum Halbkreis falten). Die Füllung bis knapp unter den Rand verteilen. Den Rest Teig ausrollen, Deckel ausstechen, auflegen und die Ränder fest einrollen. Die Törtchen mit der Gabel mehrmals einstechen und im vorgeheizten Ofen bei 180 °C 30 Minuten backen. Direkt aus dem Ofen oder lauwarm servieren; kalt passt auch Schmand gut dazu.

GEBRATENE GURKE MIT KNOBLAUCH, CHILI UND BASILIKUM

~·~

Eine aromatische, chinesisch inspirierte Alternative zu den klassischen Schmorgurken, wunderbar zu gedämpftem Saibling oder Lachs oder solo als Zwischengericht.

~·~

1 *Salatgurke* waschen, längs halbieren und leicht schräg in etwa 0,5 cm dicke Scheiben schneiden. 3 EL Öl in einer großen Pfanne erhitzen und die Gurke darin schnell goldbraun anbraten (Achtung, es

spritzt!). Die Hitze etwas reduzieren, 1 entkernte, fein gehackte, scharfe, frische *rote Chili*, reichlich fein gehackten, frischen *Knoblauch*, 1½ TL *Sojasauce* und 1 TL *Reisessig* unterrühren und einkochen. Ganz vom Feuer nehmen, reichlich *Basilikum* in Streifen untermischen und mit wenig *Sesamöl* beträufeln.

BREITE UND DICKE BOHNEN MIT PETERSILIE, GRÜNEM PFEFFER UND ZITRONENSCHALE

Passen bestens zu Tagliatelle, aber auch zu angestampften Kartoffeln.

200 g *Bohnenkerne* (das sind vor dem Aushülsen und Entfernen der Häute gut 600 g) und 400 g *breite Bohnen* (geputzt und in breite Rauten geschnitten) in Salzwasser weich kochen. 1 Bund *glatte Petersilie* grob hacken, 1 EL *grünen Pfeffer* im Mörser leicht andrücken. 1 *Zwiebel* fein würfeln, *Knoblauch* nach Belieben in feine Scheiben schneiden. 400 g *Tagliatelle* bissfest kochen. Währenddessen in einer großen Pfanne die Zwiebel in *Olivenöl* anschwitzen, die breiten und dicken Bohnen, Knoblauch, Petersilie und Pfeffer mitdünsten. *Zitronenschale* darüberreiben und mit *Salz* abschmecken; die Nudeln abgießen und noch leicht feucht untermischen.

ZUCCHINI-SALAT MIT PINIENKERNEN, BASILIKUM UND PARMESAN

Die ersten kleinen, knackigzarten Zucchini schmecken roh als Vorspeise am besten — es lohnt sich, dafür Kontakte zu einem Gärtner aufzubauen und ihn zu früher Ernte zu bewegen.

500 g *Zucchini* der Länge nach halbieren und dann wiederum der Länge nach in dünne Streifen schneiden – manchen gelingt das auch mit einem Sparschäler sehr gut. In einer Schüssel mit 3 EL *Olivenöl*, 2 TL *Balsamico*, *Salz* und grob gestoßenem *schwarzen Pfeffer* gründlich vermengen, 10 Minuten ziehen lassen, dann mit grob gezupftem *Basilikum*, in der Pfanne gerösteten *Pinienkernen* und *Parmesanspänen* bestreut servieren.

KLEBREIS MIT KOKOSMILCH, ERBSEN UND SÜSSEM PISTAZIEN-SAUERAMPFER-PESTO

Der etwas andere Milchreis – das Pesto schmeckt aber auch gut zu Erdbeeren und Joghurt oder Sahne.

Für 6 Portionen 50 g geschälte *Pistazien* im Mörser zerkleinern, 50 g *Sauerampfer*- und 10 g *Minzeblätter* sowie je 2 TL *Puderzucker* und *Zitronensaft* zugeben und alles gut verreiben (alternativ ein elektrisches Zerkleinerungshilfsmittel einsetzen). Zum Schluss 8 EL *Kürbiskern- oder Mandelöl* untermischen. 300 g *Klebreis* 1 Stunde in Wasser einweichen und weich dämpfen. 3 EL *Zucker* und 1 gestrichenen TL *Salz* in 300 ml *Kokosmilch* auflösen, 150 g grüne *Erbsen* sehr kurz blanchieren. Beides mit dem noch heißen Reis mischen, 15 Minuten ziehen lassen und mit dem Pesto servieren.

Sattes Grün –
Ein fleischloses Picknick

٪×٪

Ein wenig Vorbereitung in der Küche, dann kann es losgehen: ausgerüstet mit Decke, Gläsern und Korkenzieher für den Wein. Eine schattige Ecke im Park, ein lauschiges Plätzchen am See, oder auch „nur" der Balkon – mit einem Picknick lässt sich der Sommer überall feiern. Und was liegt dabei näher als Vegetarisches, ein Fest mit Gemüse und Obst?

٪×٪

Die Engländer sind traditionell besonders gut im Picknicken, und fertig ausgestattete Körbe für diesen Zweck gibt es von recht einfach bis sehr luxuriös. Dahinter steckt die Idee, die zivilisatorischen Hilfsmittel von Tischdecke über Gläser und Besteck bis zum Salzstreuer mit in die Natur zu transportieren – praktisch muss jeder selbst entscheiden, wieviel zu einer speziellen Gelegenheit Sinn hat und logistisch funktioniert. Es steigert den Genuss durchaus, nicht nur Plastik zum Einsatz kommen zu lassen!

Das gilt auch für den Transport und die Verpackung der Naturalien: Marmeladen- und Einweckgläser sind sehr schöne, portionsgerechte Behälter für Salate und Süßes. Eine Thermoskanne und Emaille-Henkeltöpfe eignen sich bestens für warme Suppen. Bastkörbe aus dem Asia-Laden nehmen mit einem Tuch ausgelegt Kuchen und Muffins auf und halten mit ei-

Tipps zum Wein

Es versteht sich von selbst, dass Wein zum Picknick nicht gerade eine Wuchtbrumme mit viel Alkohol sein sollte, sondern hier eher etwas Anregendes, Unbeschwerliches angesagt ist – außer natürlich, das Picknick findet durch plötzlichen Kälteeinbruch oder Dauerregen zu Hause statt. In diesem Fall stellt auch die Kühlmöglichkeit kein Problem dar, sodass bei Wein (und Bier!) quasi keine Grenzen gesetzt sind. Im Picknick-Normalfall hingegen will genau dieser Punkt sorgfältig bedacht werden, wenn man nicht die große Eisbox mitschleppen möchte. Kühlmanschetten aus dem Eisfach halten Weinflaschen kühl, aber meist nicht kalt genug für trockenen Weißwein, Sekt oder Champagner (letztere können zudem auf die Transportschüttelei „überschäumend" reagieren). Eigentlich ist ein Picknick daher der optimale Moment für etwas dunkleren Rosé und ganz leichten Rotwein: Den kühlt man vorher gut durch und wickelt ihn dann in die Picknickdecke oder ein paar Lagen Zeitungspapier – dann hat er genau die richtige Temperatur, wenn er in den Gläsern landet. Stichwort Gläser: Hier ist Plastik wirklich ein ziemlicher Genusskiller. Wer keinen englischen Luxus-Picknickkorb hat, der kann die echte Glas-Ware ziemlich gefahrenlos in Seidenpapier gewickelt in entsprechenden Pappversandhülsen transportieren; einfach auf die passende Länge zurechtschneiden!

TIPP!

ner dickeren Isolierschicht von Tüchern versehen auch warm. Dim Sum-Dämpf-körbe, ebenfalls aus dem Asia-Laden, lassen sich auch wunderbar als Transportgefäß zweckentfremden, wenn man sie mit Salat oder Papier auslegt, und auch in mehreren Schichten übereinanderstapeln.

MELONE, GRAPEFRUIT, GURKE UND AVOCADO IM SALAT VEREINT

~⁓~⁓~⁓~⁓~⁓~⁓~⁓~⁓~⁓~⁓~⁓~⁓~⁓~⁓~⁓

Ist dies ein pikanter Obstsalat oder ein fruchtiger Gemüsesalat? Egal – erfrischend schmeckt er so oder so. Die Mengen richten

sich nach der Zahl der Picknicker, es sollten in etwa ausgewogene Mengenverhältnisse sein.

❀❀❀❀❀❀❀❀❀❀❀❀❀❀❀❀❀❀❀❀

Honigmelone als Bällchen ausstechen oder würfeln, *Grapefruit* filetieren, *Gurke* und *Avocado* in Würfel schneiden. Alles mischen und mit *Zitronensaft*, etwas *Salz* und gehackter *Minze* sowie ein paar Tropfen *Traubenkernöl* marinieren.

GAZPACHO-SALAT

❀❀❀❀❀❀❀❀❀❀❀❀❀❀❀❀❀❀❀❀

Sozusagen eine dekonstruierte Suppe, dem spanischen Sommerklassiker nachempfunden.

❀❀❀❀❀❀❀❀❀❀❀❀❀❀❀❀❀❀❀❀

Pro Portion 1 Scheibe altbackenes *Landbrot* mit kaltem *Wasser* einweichen, ausdrü-

cken und in grobe Stücke zerreißen. Etwas *rote Zwiebel*, 1 *Tomate*, jeweils etwas *rote und grüne Paprika* sowie 1 Stück *Gurke* in Würfel schneiden und mit dem Brot mischen. Mit *Olivenöl*, *Rotweinessig*, *Salz*, *Pfeffer* und gehacktem *Knoblauch* marinieren und mindestens 1 Stunde im Kühlschrank ziehen lassen.

REISNUDELN, GEROLLT AUS DER HAND ZU ESSEN

❀❀❀❀❀❀❀❀❀❀❀❀❀❀❀❀❀❀❀❀

Nudelsalat, der alte Party- und Picknick-Klassiker, kann manchmal etwas bieder daher kommen. Hier ist eine asiatisch inspirierte Variante, die sich noch dazu ohne Besteck und Teller essen lässt.

❀❀❀❀❀❀❀❀❀❀❀❀❀❀❀❀❀❀❀❀

1 EL *Misopaste* mit 1 EL geröstetem *Sesam-öl*, 1 EL *Sojasauce*, 1 EL *Fischsauce*, 1 TL gehacktem *Knoblauch*, 1 EL gehacktem frischen *Ingwer*, 1 TL *Reisessig*, 1 guten Prise braunem *Zucker* sowie 1 TL *Chilipaste* mischen. 120 g dünne *Reisnudeln* (Vermicelli) weich kochen, abschütten und kalt abspülen. 8 *Frühlingsrollen-Teigblätter* anfeuchten, die Nudeln darauf verteilen, mit der Sauce beträufeln, mit fein gehackten *Frühlingszwiebeln*, *roter Chilischote* und *Korianderblättern* bestreuen und zu länglichen Päckchen aufrollen, auf Salatblätter setzen.

❦ REISNUDELN

CURRY-BLUMENKOHL MIT ERBSEN IM PITABROT

~-~-~-~-~-~-~-~-~-~-~-~-~-~-~-~-~-~-

Der ultimative Gemüse-Döner, durch das Currypulver richtig schön kräftig.

~-~-~-~-~-~-~-~-~-~-~-~-~-~-~-~-~-~-

200 g *Blumenkohlröschen* und 100 g grüne *Erbsen* in Salzwasser gerade weich kochen. 1 TL *Kreuzkümmelsamen* in etwas *Traubenkernöl* anrösten, bis sie springen, Blumenkohl und Erbsen dazugeben sowie *Currypulver* nach Geschmack (der beste dafür: Curry Kashmir von Ingo Holland). Schnell anbraten, ohne dass das Curry verbrennt. Mit *Salz* abschmecken, in *Pita-Teigtaschen*

(alternativ auch Brötchen) verteilen. 1 kleinen Becher *griechischen Joghurt* mit reichlich gehackter *roter Zwiebel* mischen und jeweils einen Löffel auf das Gemüse geben, Taschen gut in Papier einwickeln.

PIZZA MIT FENCHEL UND ZUCCHINI

Schmeckt bei einem Picknick auch sehr gut lauwarm; dafür ganz frisch backen, dann halbieren, zusammenklappen und erst in Papier und dann in ein Tuch einwickeln. Der Pizzateig lässt sich am Vortag zubereiten und über Nacht abgedeckt im Kühlschrank lagern.

15 g *Hefe* in etwas lauwarmem *Wasser* auflösen, mit wenig *Mehl* zu einem Vorteig vermischen und 30 Minuten gehen lassen. Dann mit dem Rest von 500 g *Mehl* (italienisches Mehl der Type 00 oder 450 g

normales Weizenmehl plus 50 g Hartweizengrieß), 1 EL *Olivenöl*, 1 TL *Salz* sowie etwa 250 ml *Wasser* zu einem weichen Teig verkneten und 2½-3 Stunden gehen lassen. 1 ganze *Knoblauchknolle* im Ofen bei 180 °C backen, bis sie weich ist, das Innere herausdrücken. Den Ofen auf 240 °C aufheizen. In einer Schüssel 1 in sehr feine Scheiben geschnittene *Fenchelknolle* mit reichlich grob gehackter glatter *Petersilie*, *Zitronensaft* und *Olivenöl* mischen, mit *Salz* und *Pfeffer* abschmecken. Den aufgegangenen Teig teilen, jeweils auf ein leicht gefettetes und mit etwas *Grieß* bestreutes Blech kippen und vorsichtig mit den Fingern zu runden Platten flachdrücken. Diese mit der Knoblauchpaste bestreichen, je 1 EL *in Salz eingelegte Kapern* (vorher abwaschen und abtropfen lassen) sowie jeweils 1 mittlere *Zucchini* in ganz dünnen langen Scheiben darauf verteilen. Die Pizzen im heißen Ofen in knapp

10 Minuten knusprig backen, dann den Fenchel darauf verteilen.

KÄSE-TOMATEN-MUFFINS

~⋅~

Durchaus nahrhaft, aber voller Sommeraromen. Lassen sich bereits am Vortag backen.

~⋅~

180 g *Mehl* mit 2 TL *Backpulver* mischen. 3 *Eier* mit 100 ml *Milch* und 100 ml *Olivenöl* verquirlen, 100 g geriebenen *Bergkäse*, 150 g weiche *getrocknete Tomaten* in Würfeln, 100 g zerkrümelten *Feta* und 2 EL gehacktes *Basilikum* sowie das Mehlgemisch unterrühren. In 12 Muffinförmchen füllen und bei 160 °C etwa 20 Minuten backen.

ZIEGENKÄSE UND BEEREN IM GLAS

~⁓~⁓~⁓~⁓~⁓~⁓~⁓~⁓~⁓~⁓~⁓~⁓~⁓~⁓

Geht superschnell, anstelle des Himbeerpürees lässt sich auch eines aus anderen Früchten verwenden oder aber eine nicht zu süße Konfitüre.

~⁓~⁓~⁓~⁓~⁓~⁓~⁓~⁓~⁓~⁓~⁓~⁓~⁓~⁓

Pro Portion 1 großen *Amaretto-* oder anderen *Mandelkeks* zerkrümeln und in ein Marmeladenglas geben, 40 g *Ziegenfrischkäse* cremig rühren (eventuell ein paar Tropfen *Milch* untermischen; wer keinen Ziegenkäse mag, nimmt Schafsjoghurt oder Sahnequark) und auf die Kekskrümel füllen;

darauf dann *Kirschen, Erdbeeren, Blaubeeren* nach Belieben und zum Schluss einen Löffel *Himbeerpüree.*

MAISKUCHEN MIT STACHELBEEREN

~⁓~⁓~⁓~⁓~⁓~⁓~⁓~⁓~⁓~⁓~⁓~⁓~⁓~⁓

Maismehl ergibt einen angenehm „bissigen" Kuchen, was sehr gut mit der feinen Säure der Stachelbeeren harmoniert. Kann man selbstverständlich am Vortag backen, sollte man sogar, weil er etwas durchgezogen noch besser schmeckt.

~⁓~⁓~⁓~⁓~⁓~⁓~⁓~⁓~⁓~⁓~⁓~⁓~⁓~⁓

225 g weiche *Butter* mit etwas *Vanille*, fein geriebener *Zitronenschale* und 225 g *Zucker* schaumig rühren. 175 g grobes *Maismehl* (wie für Polenta, aber nicht vorgekocht) mit 60 g *Weizenmehl* und 1 TL *Backpulver* mischen und abwechselnd mit 4 *Eiern* nach und nach unter die Buttermasse rühren. Vorsichtig 150 g *Stachelbeeren* untermischen und in einer mit Backpapier ausgelegten Form glatt streichen (22 cm Ø). Bei 160 °C 40 Minuten backen.

Multi-Melone –
Wassermelone mal ganz anders

%×%

Der Biss in eine große, sichelförmige Scheibe Wassermelone in freier Natur, am besten in direkter Nähe zum Wasser, ist für viele zweifellos der Inbegriff des Sommers. Der Saft tropft ungestört von Kinn und Händen, die Kerne landen einfach in der Landschaft.

%×%

Doch die rotfleischige – seltener auch gelbe – große runde Frucht kann mehr als einfach nur so „aus der Hand"; sie hat durchaus das Potenzial zu sehr „zivilisierten", aber immer noch wunderbar erfrischenden Köstlichkeiten. Es lohnt sich dafür, nach Bioware Ausschau zu halten, die oft mehr Geschmack als nur wässrige Süße bietet. Dieses Aroma wird durch etwas Salz und ein wenig Säure noch ausdrucksstärker. Viele Sorten sind heute nahezu kernlos, was die küchentechnische Verarbeitung erleichtert. Das Fruchtfleisch verhält sich übrigens beim Kochen wie Gurke, zerfällt also nicht, sondern wird weich und glasig.

Wassermelone als Drink

~∘~

Als Drink mit viel Eis und einem Schuss Sekt ist die Wassermelone ein echter Durstlöscher.

~∘~

ALS DRINK ☗

Für 2–3 durstige Kehlen 500 g *Wassermelone* (geschält und grob gewürfelt) mit 125 ml *Wasser*, 2 El *Limettensaft* und 1 Prise *Salz* im Mixer fein pürieren und passieren. Gut durchkühlen, auf gekühlte große Gläser mit reichlich *Crushed Ice* verteilen – dafür Eiswürfel in einem Handtuch mit dem Nudelholz bearbeiten. Dann jeweils mit 1 Schuss trockenem *Sekt* aufgießen (roter sieht besonders schön aus); mit *Minze* und einer *Melonenspalte* garnieren.

WASSERMELONEN-SALAT MIT TOMATEN, GURKE UND DILL

Ein leuchtend-leichter Salat.

400 g *Wassermelone* entrinden und entkernen, dann entweder Bällchen ausstechen oder Würfel schneiden. 250 g *gelbe Cocktailtomaten* halbieren, 1 kleine *Salatgurke* schälen und in Würfel schneiden oder Bällchen ausstechen. Alles mit 2 EL gehacktem *Dill* mischen. 2 TL *Zitronensaft*, 3 EL *Olivenöl* und etwas gemahlenen *weißen Pfeffer* verrühren und den Salat damit anmachen. Unmittelbar vor dem Servieren mit knusprigen *Salzkristallen* bestreuen.

WASSERMELONE MIT FETA, KÜRBISKERNEN UND OLIVEN

Eine ungewöhnliche Vorspeise, die sich mit einer Handvoll Rucolablättern variieren lässt. Mit gebratener Hühnerbrust oder Nudeln (Penne passen gut) wird daraus ein sommerlich leichter Hauptgang.

⚜ WASSERMELONE MIT FETA

600 g *Wassermelone* entrinden, entkernen und in Würfel schneiden. 2 EL *Kürbiskerne* in der trockenen Pfanne rösten, mit 1 kleinen Handvoll *schwarzen Oliven* zur Melone geben. 3 EL *Olivenöl* mit 2 TL *Balsamessig, Salz* und grob gemahlenem *schwarzen Pfeffer* zu einem Dressing rühren und mit dem Salat mischen. 150 g *Fetakäse* grob zerkrümeln, über den Salat streuen und alles mit etwas *Kürbiskernöl* beträufeln.

PIKANTE WASSERMELONEN-SALSA

Belebt so gut wie alles vom Grill: Fisch, Hühnerbeine, Merguez.

2 kleine *Zwiebeln* fein würfeln, 4 feste *Tomaten* in Würfel schneiden, 2 gut faustgroße Stücke *Wassermelone* entkernen und würfeln, 1 Handvoll frischen *Koriander oder*

Basilikum grob hacken, 2 *Knoblauchzehen* fein würfeln sowie 2 frische, scharfe *rote Chilis* entkernen und hacken. Alles mit dem Saft von 2 *Limetten* mischen und mit *Salz* und *Pfeffer* abschmecken, dann kurz ziehen lassen.

WASSERMELONE GEGRILLT ODER GEBRATEN MIT PISTAZIEN, INGWER UND HONIG

Wer nicht grillen mag, der mischt Joghurt mit Honig, Ingwer und Melonenwürfeln und streut die Pistazien darüber.

4 EL flüssigen *Honig* mit 1 EL sehr fein gehacktem oder geriebenem frischen *Ingwer* und 1 Prise *Salz* mischen. Pfanne oder Grill mit etwas *Öl* einfetten, 4 fingerdicke Scheiben *Wassermelone* braten oder grillen. Zum Schluss grob gehackte *Pistazien* auf die Melone streuen und kurz mitrösten. Auf Tellern den Ingwerhonig über die Melone träufeln und etwas cremigen *Joghurt* dazugeben.

WASSERMELONE IN KOKOSLINSENSAUCE ALS CURRY ZU REIS

Mit Basmati-Reis ist dies ein überraschendes, fleischloses Sommer-Leicht-Essen, das sich aber mit tierischem Protein gut ergänzen lässt.

100 g *rote Linsen* waschen und 2 Stunden in kaltem *Wasser* einweichen. Die abgetropften Linsen in 200 ml *Kokosmilch* mit 200 ml *Wasser* sowie ½ TL gemahlener *Kurkuma* und 1 TL *Koriandersamen* (in der Pfanne trocken geröstet und im Mörser zerstoßen) weich kochen. 1 TL *Salz*, 4 kleine, frische, scharfe *grüne Chilischoten* (längs halbiert) sowie 500 g *Wassermelone* in nicht zu kleinen Würfeln zugeben und etwa 5 Minuten mitkochen, bis die Melone gerade glasig ist, dann vom Herd nehmen und etwas ziehen lassen. Wenig *Öl* in einer kleinen Pfanne erhitzen, einige *Curryblätter* darin sehr kurz anbraten und mit dem Öl zum Curry geben (ersatzweise mit frischen Korianderblättern bestreuen).

WASSERMELONEN-SORBET ODER -GRANITÉ MIT LIMETTEN-KOKOSMILCH

Exotisch-kühlend!

Für 6 erhitzte Genießer 800 g *Wassermelone* schälen, pürieren und passieren. 50 g *Zucker*, 1 EL *Limettensaft* und 2 EL *Wodka oder Tequila* untermischen – dann entweder in einer Eismaschine zu Sorbet gefrieren oder in einer flachen Schale unter mehrmaligem Durchrühren zu einer Art körnigem Granité. 200 ml *Kokosmilch* mit der fein geriebenem Schale und dem Saft von 1 *Limette* sowie 1 EL *Puderzucker* und 1 großzügigen Prise *Salz* verrühren und gut kühlen. Sorbet/Granité in gekühlte Gläser verteilen und die Kokosmilch darübergießen, mit *Limettenscheiben* garnieren.

MELONENGELEE MIT ERDBEEREN

Ein elegantes Dessert.

600 g *Wassermelone* (geschält und grob gewürfelt) mit 100 ml *Wasser* im Mixer sehr fein pürieren und passieren. Wer es besonders elegant möchte, nämlich ein klares Gelee, lässt das Ganze über Nacht in einem hohen Gefäß absetzen und gießt dann vorsichtig den klaren Saft ab; das sollte 500 ml ergeben. 1 guten Schuss *Maraschino* dazugeben und eventuell mit etwas *Zitrone* oder *Puderzucker* abschmecken. 1 Päckchen weiße *Gelatine* (für ½ l Flüssigkeit) nach Gebrauchsanweisung einweichen, mit wenig Melonensaft erwärmen, auflösen und dann mit dem Rest mischen. 100 g *Erdbeeren* putzen und eventuell halbieren, in 4 langstielige Gläser verteilen, den Saft darübergießen und im Kühlschrank erstarren lassen. Mit leicht geschlagener *Sahne* servieren.

DIE DUNKLE
SCHÖNHEIT –
Kosmopolitin Aubergine

%×%

Dunkelstes Purpur – das ist selten in der Küche und hat etwas nahezu Dramatisches. Sepianudeln, burmesisches schwarzes Huhn und Auberginen gehören zu den wenigen Vertretern der wahren kulinarischen Dunkelheit.

%×%

Die seit einiger Zeit so modischen violetten Kartoffeln hingegen sind farblich enttäuschend verwässert. Rotkohl ist zwar roh beeindruckend, besinnt sich aber nach dem Garen meist auf zahmes Blaurot, und Radicchio oxidiert zu Schmuddelbraun. Nicht umsonst kamen in den 1980ern in deutschen Spitzenrestaurants schwarze Teller zur Erhöhung des theatralischen Effekts der sorgfältig angeordneten Ikebana-Kreationen in Mode. Die Aubergine hat dies nicht nötig; ihr tiefes Violett verblasst nicht in der Hitze, sondern steigert sich noch ins Schwarze.

Der Anbau von Auberginen ist erstmals im 5. Jahrhundert v. Chr. in China belegt, die Anfänge der Beerenfrüchte reichen aber noch wesentlich weiter zurück und weisen nach Indien. Mit arabischen Kaufleuten gelangte „al-badingan" über den nahen Osten nach Nordafrika und Spanien, wo die damals hühnereigroße, ovale weiße Frucht im Katalanischen zur „Albergina" und schließlich über die Provence zur französischen „Aubergine" wurde. Wie auch mit anderen Nachtschattengewächsen, etwa Tomaten und Kartoffeln, tat man sich in Europa schwer mit der neuen Pflanze. Italienische Botaniker betrachteten sie als hochgiftig und nannten sie daher „Mela insana", Tollapfel. Mindestens bis Ende des 17. Jahrhunderts wurde die wärmeliebende Melanzana, Aubergine, Madapple, Eggplant, Eierfrucht also in europäischen Gärten aufgrund ihrer attraktiven weißvioletten Blüten und graugrünen Blätter in erster Linie als Zierpflanze angebaut; in deutschen Gemüseregalen ist sie erst seit der zweiten Hälfte des 20. Jahrhunderts vertreten.

ITALIENISCHE MELANZANE IN SCAVECE

Dies ist die italienische Variante einer Zubereitungsart, die erstmals im antiken Persien erwähnt wird und sich im Mittelalter rund

AUBERGINEN-SORTEN

Die hierzulande übliche, optisch makellose dunkle Schönheit gehört zu einer großen und variantenreichen Familie. Kleinstes Mitglied ist ein botanisch nur entfernter Verwandter, die grüne, leicht bittere Erbsen-Aubergine, den Urahnen sehr nahe, die heute noch als stacheliges Unkraut in Südostasien wachsen. Sie wird oft in thailändischen Currys als beinahe bittere Geschmackskomponente zum Ausgleich von Schärfe und Süße verwendet. Zwischen diesen beiden Extremen gibt es bei griechischen und türkischen Händlern sowie in Asia-Märkten unzählige farbliche Varianten in Grün, Gelb, Orange, Weiß, Hell und Dunkel und nahezu alle Formen von kugelrund über oval bis schlangenförmig. Das Fruchtfleisch unter der dünnen Haut ist jedoch stets weiß und in seiner schwammartigen Beschaffenheit idealer Träger unterschiedlichster Aromakompositionen. In vielen Rezepten wird angegeben, man solle die in Scheiben geschnittenen Auberginen mit Salz bestreuen und „ausweinen" lassen, um ihnen die Bitterkeit zu entziehen. Bei den modernen Sorten ist das nicht mehr notwendig; für asiatische Gerichte ist die herbe Komponente geschmacklich sogar erwünscht. Zum Zweck des Wasserentzugs kann diese Vorbehandlung allerdings in manchen Fällen durchaus sinnvoll sein.

ums Mittelmeer ausbreitete. Eigentlich handelt es sich dabei um gebratenen Fisch, der dann in eine Essigmarinade eingelegt wird, ähnlich unserem Brathering. Die zusätzliche süße Komponente des Mittelalters in Form von Rosinen, Datteln und Zucker ist inzwischen verschwunden und längst werden auch Gemüse so zu einem erfrischenden Sommergericht.

Große *Auberginen* der Länge nach in ½ cm dicke Scheiben schneiden, in *Olivenöl* goldbraun braten oder mit wenig Öl bepinseln und grillen. Mit *Salz* bestreuen und in eine Schüssel legen. Reichlich guten *Weinessig* (auf 2 Auberginen 300–400 ml) mit *Peperoncinoschoten*, frischem *Oregano* und angedrücktem *Knoblauch* aufkochen und über die Auberginen gießen. Im Kühlschrank über Nacht ziehen lassen.

MELANZANE IN SCAVECE

KATALANISCHE SAMFAINA

~-~

*Ein Vorläufer der Ratatouille, die erst im
20. Jahrhundert populär wurde, ursprünglich nur in Nizza so hieß und als „Durchein-
ander" mit Fleisch zubereitet wurde. Generell
hat die katalanische Küche viel mehr mit der
italienischen und südfranzösischen gemein-
sam als mit dem Rest der iberischen Halb-
insel.*

~-~

Für 6 Portionen 2 EL *Olivenöl* in einer großen Kasserolle erhitzen, 1 große *Zwiebel* in
Scheiben und 3 angedrückte *Knoblauchzehen* bei schwacher Hitze weich dünsten.
1 kg geschälte, entkernte und gehackte *Tomaten* (frisch oder eine große Dose) sowie
100 ml trockenen *Weißwein* zugeben und
zum Kochen bringen. 150 g luftgetrockne-
ten *Schinken*, 1 große *rote Paprikaschote*,
500 g *Auberginen*, 400 g *Zucchini* (alles in
1 cm großen Würfeln) untermischen, mit
Salz und *Pfeffer* sowie gehacktem frischen
Rosmarin, *Oregano* und *Thymian* würzen,
1 *Lorbeerblatt* und 1 Handvoll *schwarze Oliven* zugeben, das Ganze bei milder Hitze
zugedeckt mindestens 30 Minuten schmoren lassen. Wird mit jedem Aufwärmen
besser.

TÜRKISCHE IMAM BAYILDI

~-~

*Die Geschichte dieses Gerichts ist längst be-
kannt, aber immer wieder nett: Wörtlich
übersetzt fällt der Imam, also der Vorbeter,*

in Ohnmacht über diese gefüllten Auberginen. Allerdings gibt es zwei Versionen über die eigentliche Ursache: Weil sie so köstlich schmecken, sagen die einen – die anderen jedoch meinen, der Schock sei eingetreten, als er hörte, wieviel Öl seine Frau dafür verbraucht hatte …

Pro Person von 1 nicht zu großen lila *Aubergine* mit dem Sparschäler der Länge nach rundherum in Abständen Streifen abschälen, sodass sie gestreift aussieht, an einer der abgeschälten Stellen ein-, aber nicht durchschneiden. 15 Minuten in Salzwasser legen, dann abgetrocknet in einer Pfanne mit *Olivenöl* rundherum anbraten. Mit dem Einschnitt nach oben in eine Auflaufform legen. In derselben Pfanne in Olivenöl pro Aubergine 1 mittelgroße *Zwiebel* in Scheiben weich dünsten. Mit 1 großen *Tomate* in Würfeln, 1 TL *Tomatenpüree* und 1 EL grob gehackter glatter *Petersilie* mischen, mit *Salz*, *Pfeffer* und eventuell noch etwas Öl abschmecken. Die Einschnitte mit der Mischung füllen, den Rest um die Auberginen verteilen. Die Füllung mit je 1 gestiftelten *Knoblauchzehe* spicken, auf jede Aubergine 1 halbierte und entkernte, grüne milde *Peperonischote* legen. 1 Finger hoch *Wasser* angießen und im Ofen bei 160 °C ca. 45 Minuten schmoren lassen. Lauwarm mit frischer gehackter glatter *Petersilie* bestreut servieren.

LIBANESISCHES BABA GHANOUSH

Mit Olivenöl und frischer Petersilie als Dip zu rohem Gemüse und/oder Fladenbrot.

500 g große *Auberginen* im Ganzen unter dem Grill rösten, bis die Haut Blasen schlägt, dann bei 200 °C im Ofen garen, bis das Fleisch ganz weich ist. Halbieren und das Fruchtfleisch aus der Haut schaben. Mit 2 gehackten *Knoblauchzehen*, 1 TL *Salz*, ½ TL gemahlenem *Kreuzkümmel*, dem Saft von ½ *Zitrone* sowie 60 g *Tahini* (Sesampaste) im Mixer pürieren.

THAILÄNDISCHES ROTES CURRY MIT CALAMARI UND AUBERGINEN

Dazu passt besonders gut Basmati- oder Klebreis, mit dem sich auch die Schärfe individuell für jeden am Tisch „regulieren" lässt.

2 fein gehackte *Knoblauchzehen* und 2 EL rote *Currypaste* in 3 EL *Traubenkernöl* (oder einem anderen neutralen Öl) anrösten und mit 150 g *Kokosmilch* sowie 3 EL *Fischsauce*, 1 TL *braunem Zucker* und 2 kleinen *roten Chilischoten* (ohne Kerne, fein gehackt) glatt rühren. 400 g geputzte *Calamari* in 2 cm breiten Streifen, kreuzweise eingeritzt, zugeben und bei schwacher Hitze 5 Minuten unter Rühren garen. Dann 500 g gemischte *thailändische Auberginen* (von Erbsen bis Wachteleigröße, von grün über weiß bis gelb und violett; eventuell geviertelt) und 3 *Kaffirlimonenblätter* in feinen Streifen untermischen und weiter leise kochen, bis die Auberginen weich sind. Zum Schluss grob gehacktes *Thaibasilikum* darüberstreuen.

BABA GHANOUSH

Liebenswerte Ungeheuer –
Oktopus und Tintenfisch

‰ × ‰

Den Japanern gilt der Oktopus als ausgesprochen gutmütiges, fröhliches und komisches Wesen; in Märchen und Comic-Strips taucht er auf und ist sowohl roh als auch gegart kulinarisch sehr begehrt. Rund ums Mittelmeer betrachtet man ihn zwar eher als ein wenig dumm, schätzt ihn aber als Delikatesse und verzehrt ihn in beachtlichen Mengen.

‰ × ‰

In deutschen Küchen hingegen stößt der Achtarmige auf wenig Gegenliebe. Richtiggehend widerwärtig finden viele seine ungewöhnliche Erscheinung und schütteln sich noch dazu bei dem Gedanken an frittierte Gummiringe, begraben unter Knoblauchmayonnaise. Denken sie vielleicht auch an Kraken-Gruselstories, wie es sie seit der Antike gibt? Homers Seeungeheuer Skylla sitzt in der Odyssee in einer Meerenge und verschlingt mit langen Fangarmen die Seeleute direkt von Bord ihrer Schiffe. Beim römischen Naturhistoriker Plinius plündert ein Polyp mit angeblich zehn Meter langen Armen in Spanien nahe der Küste gelegene Fischteiche. Und wer könnte den Kampf des Kapitäns Ahab gegen den Riesenkraken in Moby Dick vergessen?

Die gesamte Familie der Kopffüßer, wie alle diese wirbellosen Mollusken korrekt heißen, ist näher mit den Schnecken als mit den Fischen verwandt; in prähistorischen Zeiten waren ihre Eingeweide mit äußeren Schalen geschützt, wie sie heute noch bei Nautilus-Perlbooten und Argonauten zu bewundern sind. Von diesen Schönheiten abgesehen teilt sich die vielarmige Sippe in zwei Gruppen: Oktopusse einerseits und sogenannte Tintenfische andererseits, die sich wiederum in (eher rundliche) Sepien und (länglich tubenartige) Kalmare aufteilen. Bei den Sepien, Seppie oder Seppiole auf italienischen Speisekarten oder auch Chipirón in Spanien, ist vom schneckenartigen Gehäuse der Schulp übriggeblieben, die breite innere Kalkschale, die Kanarienvögel zum Schnabelwetzen dient und einst zu Zahnpulver vermahlen wurde. Bei den Kalmaren, italienisch Calamari oder Calamaretti, sind die „Knochen" auf ein durchsichtiges schmales Stützblatt geschrumpft. Tintenfische haben einen im Verhältnis zum Körper kleinen Kopf mit acht kurzen

Armen sowie zwei längeren Tentakeln. Oktopusse hingegen – Krake, Pulpo, Polpo, Polpetti – bestehen aus acht kräftigen Armen um einen runden, beutelartigen Kopf; sie besitzen als einzigen festen Körperteil einen kleinen papageiartigen Hornschnabel und sind ansonsten ganz Hülle. Im Gegensatz zur Darstellung in Moby Dick sind Kopffüßer intelligente Tiere, die meisten von ihnen mit drei Herzen und einem zentralen Nervensystem, das Hirn ringförmig um die Speiseröhre angelegt. Vieles ist noch nicht erforscht, aber die Gruselei ist zweifellos ebenso hinfällig wie die Korkscheibe im Kochwasser – und bei den Beatles sitzt der Krake denn auch irgendwo tief unten glücklich und sicher auf dem Meeresboden in seinem Garten, „an octopus's garden".

KRAKENSALAT

Die schlichteste, lang gekochte kulinarische Version der Vielfüßler.

Pro Person etwa 250 g *Krake* in großzügig gesalzenem *Wasser* in einer guten Stunde weich kochen. Nach Belieben kann man auch 1 Zweig *Rosmarin* oder 1 *Chilischote* mitkochen. Noch lauwarm in nicht zu dünne Scheiben schneiden und mit *Salz* und frisch gemahlenem *schwarzen Pfeffer*, *Olivenöl* und *Zitrone* abschmecken. Auch *glatte Petersilie*, andere *Kräuter* und/oder *Knoblauch* passen gut. 1–2 Stunden marinieren lassen.

GESCHMORTER KRAKE

Hier zeigt sich die Ähnlichkeit zum Schlachtfleisch noch deutlicher, und der Krake erinnert in der Konsistenz an Kalbskopf oder Ochsenmaul, wenn auch der Geschmack ein ganz anderer ist. Passt zum Beispiel zu Spaghetti.

Für 6 Portionen 1 kg *Krake* in 2–3 cm lange Stücke schneiden. 3 große *rote Zwiebeln* in Scheiben schneiden, in 3 EL *Olivenöl* goldbraun anschwitzen, dann das Krakenfleisch, 2 EL *Tomatenpüree*, 2 EL *Kapern*,

2 EL kleine *schwarze Oliven* und 1 fein gehackte *Peperoncinoschote* beigeben. In dem sich bildenden Fond (der durch den Kraken und die Zwiebeln zum Schluss wunderbar cremig und außerdem dunkelviolett wird, als habe man eine ganze Flasche Rotwein verkocht) bei geringer Hitze 1½ bis 2 Stunden zugedeckt ganz leise köcheln lassen, dabei gelegentlich umrühren. Mit *Salz* abschmecken.

TINTENFISCH IN PIKANTER TOMATENSAUCE

Indisch inspiriert, schmeckt mit Bauern- oder Fladenbrot, aber natürlich auch zu Reis oder Pasta.

Erdnussöl in einer tiefen Pfanne erhitzen, 1 TL *braune Senfsaat* und 3 ganze, getrocknete, scharfe *rote Chilischoten* darin kurz anbraten. Vom Feuer nehmen und je 1 EL fein gehackten frischen *Ingwer* und *Knoblauch* einrühren sowie je 1 TL gemahlenen *Kreuzkümmel* und *Koriander* und ½ TL gemahlene *Kurkuma*. Das Ganze kurz anschwitzen, dann 1 große Dose *Schältomaten* dazugeben

und mit dem Löffel grob zerdrücken. Mit *Salz* und *Zucker* würzen, 20 Minuten bei gelegentlichem Rühren ganz leise kochen lassen. 450 g gesäuberte kleine *Tintenfische* (am einfachsten bereits geputzte TK-Ware aus dem Asialaden) in knapp fingerbreite Streifen schneiden und kurz vor dem Servieren zusammen mit reichlich grob gehackter glatter *Petersilie* untermischen und unter Rühren wenige Minuten erhitzen, bis die Tintenfische gerade fest sind.

CALAMARETTI MIT PFIFFERLINGEN, ZITRONE UND RADICCHIO

Klingt sicher ungewöhnlich und ist eines Abends unter dem Motto „Cuisine du Frigo" entstanden: Wir kochen mit dem, was der Kühlschrank hergibt. Manchmal sind das absolute Volltreffer, die wie diese Vorspeise ins Küchenrepertoire aufgenommen werden.

400 g sehr kleine geputzte *Tintenfische* bzw. Calamaretti in *süßer Sojasauce* 30 Minuten marinieren. Abtropfen lassen und mit etwas fein gehacktem frischen *Ingwer*

GRUNDKURS
Oktopus & Co

Kopffüßer sind ganz Muskelmasse und deshalb so zäh, wenn man sie falsch zubereitet. Tipps wie etwa das Mitkochen einer Korkscheibe sind aber wie die Gruselstories der Welt der Fabeln und Legenden zuzuordnen. Denn Kopffüßer-Fleisch ist kulinarischer Traumstoff: keine Knorpel, keine Knochen, kein Gezeter – man muss nur damit umzugehen wissen. Die Gummi-Assoziation entlarvt falsche Behandlung und falsche Erwartungen: Wer einen Tafelspitz nur wenige Minuten kocht und sich dann beschwert, er sei zäh und ungenießbar, hat schließlich auch kein schlechtes Fleisch angedreht bekommen, sondern einfach die

falsche Methode angewandt. Die Vorbereitung ist einfach: Dafür zieht man bei Sepien und Kalmaren zuerst Kopf und Körper auseinander. Letzteren stülpt man um, wäscht ihn gründlich aus und entfernt Schulp oder Stützblatt. Vom Kopf muss der untere Teil samt der Augen abgeschnitten werden, während beim Oktopus lediglich Eingeweide und „Schnabel" herauszuschneiden sind, was aber auch der Fischhändler übernimmt – schon sind die Ungeheuer küchenfertig! Ob die Haut abgezogen werden sollte oder nicht, ist eher eine ästhetische Frage.
Das Fleisch der Kopffüßer besteht aus extrem feinen Muskelfasern, die in zahlreichen Schichten angeordnet und wegen der fehlenden Grätenverstärkung durch sehr viel Kollagen verbun-

den sind, drei- bis fünfmal soviel wie bei Fischen. Dieses Kollagen ist ähnlich stabil wie das von Schlachtfleisch, und deshalb gibt es in der Küche eigentlich nur zwei Möglichkeiten, um Tintenfisch und Kraken zum Genuss zu machen: extrem kurzes Braten, eigentlich nur ein Anbraten oder auch Frittieren, sodass sich die Muskelfasern gar nicht erst zusammenziehen können, oder geduldiges langes Köcheln wie bei Schmorfleisch, sodass sich das Kollagen in Gelatine verwandelt. Letzteres kann je nach Größe und Art mehrere Stunden dauern – aber weich wird das „Ungeheuer" immer, ab einem gewissen Punkt verkocht es sogar. Allen Arten von Kopffüßern schadet das Tiefkühlen übrigens nicht im geringsten, vielleicht verkürzt es sogar die Kochzeit.

TIPP!

in *Olivenöl* schnell und kurz anbraten, beiseitestellen. 250 g geputzte *Pfifferlinge* mit 1 kleinen *roten Zwiebel* in feinen Würfeln in einer zweiten Pfanne in etwas *Olivenöl* anbraten, zum Schluss 1 Kopf *Radicchio* in breiten Streifen mit anschwitzen. Die

Tintenfische (ohne oder nur mit einem kleinen Schuss des entstandenen Fonds) untermengen und das Ganze mit *Salz*, gemörsertem *schwarzen Pfeffer* und frisch geriebener *Zitronenschale* würzen.

TINTENFISCH IN TOMATE

EINE FAST PERFEKTE FRUCHT –
Avocado in Variationen

% × % ×

Food-Designer hätten sich die ideale Frucht der Moderne kaum besser ausdenken können: cremiges, unaufdringlich nussig schmeckendes Fruchtfleisch, das keiner aufwendigen Zubereitung bedarf, „ready to eat" mit ein wenig Salz und einem Spritzer Zitrone.

% × % ×

Dazu auch die für den Single-Haushalt handliche Portionsgröße. Die Zusammensetzung der Inhaltsstoffe, ganz an die Gesundheitsvorstellungen unserer Zeit angepasst: wenig Zucker und Säure, dafür viel Provitamin A, Vitamin E, Kalium und Eiweiß sowie eine Menge einfach ungesättigter Fettsäuren, die gegen Herzkrankheiten vorbeugen sollen. Die leichte Verdaulichkeit, sogar als Babynahrung empfohlen. Die hygienische und ökologische Verpackung, eine stabile, meist leicht vom Fruchtfleisch zu trennende Schale. Die ganzjährliche Verfügbarkeit, basierend auf einem genialen System von einerseits unterschiedlichen Reifezeiten verschiedener Sorten und andererseits dem Umstand, dass der Baum als natürliches Vorratslager dient. Aus bisher unerforschten Gründen reifen Avocados erst ab dem Moment des Pflückens zu weicher Cremigkeit. Bis dahin können die an sich voll entwickelten Früchte bis zu sechs Monate am Baum „zwischenlagern" und dabei sogar noch etwas größer werden, da im Gegensatz zu anderen Früchten die Zellteilung andauert, solange sie am Baum hängen – wie bei manchen Zitrusfrüchten sind daher Blüten und Früchte aus zwei Generationen an einem Baum möglich. Auch was die Haltbarkeit nach der Ernte betrifft, überzeugt die Avocado: Hart und somit druck- und stoßunempfindlich kommt sie aus Kalifornien, Israel oder Spanien nach Deutschland. Derart unversehrt gekauft reift sie dann langsam bei Zimmertemperatur. Zusammen mit einem Apfel in Zeitungspapier eingewickelt, lässt sich dieser Prozess durch das dem Apfel entströmende Ethylen(reife)gas nach Belieben beschleunigen; weiche Früchte halten sich dann einige Tage im Kühlschrank.

Zugegeben, es gäbe noch kleine Verbesserungsmöglichkeiten: Ärgerlich zum Beispiel, dass sich das Fruchtfleisch nach einiger Zeit trotz des Beträufelns mit Zitrone

Wozu der Riesenkern?

Der große, braune, an einer Seite etwas zugespitzte Kern ist die Verbindung zwischen Moderne und grauer Vorzeit, Beweis dafür, dass die Avocado kein zeitgenössischer Zweckentwurf, sondern vielmehr ein botanischer Anachronismus ist. Sie ist ein Relikt aus den neotropischen Urwäldern Mittelamerikas – dem südlichen Mexiko, Guatemala und Honduras. Die Nährstoffreserven im Kern sollten die Überlebenschancen des Keimes sicherstellen, bis er sich seinen Platz am Urwaldboden und weiter hinauf erkämpft hat. Für seine Verbreitung sorgten ursprünglich wahrscheinlich Ur-Waldelefanten, Riesen-Faultiere und wilde Pferde, denen es kein

TIPP!

Problem bereitete, die ganze Frucht zu verschlingen und sich des Kernes unversehrt wieder zu entledigen. Diese Evolutionstheorie erklärt die für eine Frucht ungewöhnlich verschwenderische Fülle an attraktivem energiereichen Fleisch um den bitteren Kern. Die heutigen Verbreiter von wilden Avocados sind eher Tapire, Affen, Eichhörnchen oder größere Vögel, die ihrem Job nicht besonders gut gewachsen sind, und es gibt heute wesentlich weniger wilde Avocadobäume – die zu den Lorbeergewächsen zählende Pflanze ist vor allem auf die Verbreitung durch den Menschen angewiesen. Die Mexikaner bzw. Azteken übernehmen diese Aufgabe für die „ahuacatl" bereits seit einigen tausend Jahren. Die spanischen Kolonialisten waren zwar recht angetan von der butteri-

gen Frucht, aber erst um 1850 kam der Anbau in Südkalifornien und Florida und gut hundert Jahre später in Spanien und Israel richtig in Schwung. Keinem Züchter ist es bis jetzt gelungen, den Urwald-Kern zu verkleinern, und auch im temperaturmäßig angemessenen mediterranen Klima reagiert der Baum mit den dunkelgrünen, glänzenden Blättern empfindlich auf Staunässe, unzureichende Wasserversorgung, zuviel Wind und Mangel an Humus – am liebsten stünde er wahrscheinlich wieder im mittelamerikanischen Urwald. Dort sorgen auch einheimische Bienensorten zuverlässig für die Bestäubung der zahllosen unscheinbaren weißen Blüten, während herkömmliche Honigbienen sie links liegen lassen, sobald Attraktiveres in Reichweite ist.

verfärbt und beim Einfrieren in ganzen Stücken wässrig-schwammig wird. Auch der leicht bittere Geschmack beim Erhitzen über 50 °C ist ein Manko. Aber davon abgesehen: ein Spitzenmodell.

Die Erforschung der Avocado als Kulturpflanze steht am Anfang. In deutschen Läden sind auch Sortennamen noch nicht lange geläufig. Vor allem die relativ große, dünnschalige, leuchtendgrüne Fuerte und die kleinere, runde, warzige Hass werden hier angeboten, meist aus Israel, wenn sie auch ursprünglich in Kalifornien selektioniert wurden. Die Hass ist besonders geschmacksintensiv und cremig und bei voller Genussreife oft nahezu violettschwarz. Aus Fachkreisen hört man Positives über neue Züchtungen wie Lamb Hass, Gwen oder Iriet. Avocado-Öl wird in der Kosmetikbranche geschätzt, neu und spannend ist jedoch der Einsatz in der Küche in Extra Vergine-Qualität. Das hellgrüne Öl be-

sitzt alle Vorzüge der frischen Frucht, schmeckt diskreter, nussiger, weicher als Olivenöl und lässt sich problemlos erhitzen, also zum Kochen und Braten verwenden. Insgesamt eben doch ein Spitzen-Design mit besten Zukunftsaussichten!

Guacamole

Der Klassiker, als Dip, auf Carpaccio aller Art oder zu gebratenen Riesengarnelen. Für die süße Variante lässt man einfach Knoblauch und Zwiebel weg und schmeckt mit Puderzucker statt mit Salz und Pfeffer ab. Passt dann bestens zu einem Salat aus Ananas, Papaya, Mango, Granatapfelkernen und fein gehacktem frischen oder kandierten Ingwer.

Das Fruchtfleisch von 2 reifen *Avocados* mit dem Saft von 1 *Limette* mit der Gabel zerdrücken. 1 *Tomate* häuten, entkernen und in Würfel schneiden, zusammen mit 1 fein gehackten *Knoblauchzehe*, ½ *roten Zwiebel* in feinen Würfeln, fein gehackter, entkernter *roter Chilischote* (Menge nach Geschmack) sowie reichlich grob gehackten *Koriander-blättern* mit dem Avocadopüree verrühren. Mit *Meersalz* und frisch gemahlenem *schwarzen Pfeffer* kräftig abschmecken.

NUDELN MIT AVOCADO

~~~~~~~~~~~~~~~~~~~~~~~

Sommerlich-leicht.

~~~~~~~~~~~~~~~~~~~~~~~

500 g *Linguine oder Spaghetti* bissfest ko-chen. 25 g *Butter* mit 3 EL *Avocado-Öl* in ei-ner großen Pfanne erhitzen. 2 halbierte *Knoblauchzehen*, 2 *Schalotten* in feinen Wür-feln und 100 g *durchwachsenen Speck oder Pancetta* in Streifen darin anschwitzen. Vom Herd nehmen und das Fruchtfleisch von 2 *Avocados* in Würfeln sowie 2 EL *Basili-kum* in Streifen untermischen, mit *Meersalz* abschmecken und mit den abgegossenen Nudeln vermengen. Mit 3 EL frisch geriebe-nem *Parmesan* und reichlich frisch gemah-lenem *schwarzen Pfeffer* bestreut servieren.

♥ NUDELN MIT AVOCADO

♠ AVOCADO-SALAT

SALAT MIT RADICCHIO, BIRNE, AVOCADO UND WALNUSS

~~~~~~~~~~~~~~~~~~~~~~~

Schmeckt auch mit Hirschschinken oder Kalbsleber.

~~~~~~~~~~~~~~~~~~~~~~~

1–2 Köpfe *Radicchio* waschen, putzen und zerpflücken, 1 feste *Birne* sowie 1 *Avocado* in Spalten schneiden, 2 EL *Walnusskerne* in der Pfanne trocken anrösten, bis sie duf-ten. Aus je 1 EL *Apfelbalsamessig, Avocado-* und *Walnussöl* sowie 1 TL *Feigensenf*, frisch gemahlenem *schwarzen Pfeffer* und *Meersalz* eine Vinaigrette rühren, alles vorsichtig vermengen.

AVOCADOSORBET ZU TOMATEN-PAPRIKA- UND/ ODER ORANGENSALAT

~~~~~~~~~~~~~~~~~~~~~~~

Je nach Gusto auf einem Salat aus Toma-ten, gegrillter roter Paprika und (oder auch nur) Orangenscheiben anrichten und mit et-was Avocado-Öl beträufeln.

~~~~~~~~~~~~~~~~~~~~~~~

Das Fruchtfleisch von 2 reifen *Avocados* mit dem Saft von 2 *Limetten*, 6 EL *Zuckersirup* (dafür Zucker und Wasser zu gleichen Teilen aufkochen, bis sich der Zucker aufgelöst hat, und abkühlen lassen), 1 EL *Wodka*, 1 Prise *Salz* und etwas frischem *Koriander oder Minzeblättchen* pürieren. Entweder in der Sorbetière oder in einer Schüssel im Gefrierschrank (dann immer wieder durchrühren und eine halbe Stunde vor dem Servieren im Kühlschrank weich werden lassen) gefrieren lassen.

EILOSER EIERLIKÖR

~;~

Auf Holländisch heißt die Designerfrucht Advokaat: Eierlikör ist angeblich ursprünglich als Ersatz für einen indianischen Avocadolikör kreiert worden, an dem die Europäer solchen Gefallen gefunden hatten, dass sie ihn zuhause in Ermangelung von Avocados mit Eiern imitierten. Schmeckt pur (allerdings eher zum Löffeln als zum Trinken), mit Himbeerpüree und Mandelgebäck oder zu frischer Mango.

~;~

Für 2 Portionen das Fruchtfleisch von 1 reifen *Avocado* mit etwas *Limettensaft*, 2 gestrichenen EL *Zucker*, 1 Prise *Zimt*, 100 ml *Sahne* und 4 EL *Wodka* pürieren und gut gekühlt servieren.

FEIN GEDECKELT –
Pies in allen Varianten

%×%

Ihr Innenleben ist enorm vielseitig, ihre äußere Hülle verspricht Substanz und weil sie so gut vorzubereiten sind, eignen sie sich auch für jeden Gast.

%×%

Aus dem Film „American Pie" mag sich mancher noch an die Szene mit einem warmen Apfelkuchen erinnern. Kulinarisch ist damit ein Pie jedoch unzulänglich eingeordnet. In Großbritannien versteht man darunter alles, was mit Teig oder Kartoffelpüree gedeckelt im Ofen gebacken wird. Auch eine komplette Umhüllung ist möglich, das Prinzip des Pies erlaubt schier unendlich viele Varianten von scharf-pikant bis süß und ist zur Reste-Aufbereitung aller Art geeignet. Pies lassen auch günstige Zutaten gut aussehen und schmecken, und sie erfüllen Küche und Wohnung im grauen November mit wunderbarem Duft. Wer Teigdeckel bzw. -hülle nicht selbst machen möchte, kauft ein Fertigprodukt und zieht trotzdem etwas Selbstgemachtes aus dem Ofen – ob in Form von Vorspeise, Hauptgang oder Dessert.

GRUNDSÄTZLICHES ZUM THEMA PIE

Als Pieform ist alles geeignet, was ofenfest ist und einen Rand hat. Pie-fähige Reste sind zum Beispiel Gulasch, Bolognese-Sauce, Frikassee und gebratenes/gekochtes Fleisch aller Art.

Aufpeppen lassen sich diese mit Gemüse (frisch oder gefroren), Champignons, getrockneten Pilzen oder Tomaten. Neue Aromen kommen mit Miso, Kräutern, Nüssen oder Chili ins Pie-Spiel. Als Deckel funktionieren Blätter-, Mürbe-, Hefe- oder Strudelteig, aber auch Kartoffelpüree

(oder Süßkartoffel-, Pastinake-, Sellerie-, Kürbispüree …)

Basis-Mürbeteigrezept ohne Zucker

~:~:~:~:~:~:~:~:~:~:~:~:~:~:~

Die angegebenen Mengen reichen für zwei Pie-Deckel von 20 Zentimetern Durchmesser.

~:~:~:~:~:~:~:~:~:~:~:~:~:~:~

350 g Mehl mit 1 gestrichenen TL Salz mischen, mit den Fingerspitzen oder der Küchenmaschine schnell mit 200 g sehr kalter Butter (in Würfeln) zu Streuseln verreiben, dann etwa 125 ml sehr kaltes Wasser untermischen und alles zu einem Teig zusammendrücken. In Klarsicht-

folie gewickelt mindestens 2 Stunden kaltstellen. Für den Pie-Deckel einen Kreis (oder sonstiges der Form Entsprechendes) ausrollen, der etwa 2 cm größer als die Form ist, diesen Rand abschneiden, von innen über den angefeuchteten Rand der Form hängen und dann den Pie füllen. Den Teigrand mit Wasser bestreichen, den Deckel auflegen und beide Ränder sorgfältig zusammendrücken. In den Deckel entweder Schlitze oder ein Loch schneiden, damit der Dampf entweichen kann, mit verquirltem Ei bestreichen und nach Belieben mit einer Gabel oder Teigresten verzieren.

ROTBARSCH UND SHRIMPS IN DILLSAUCE UNTER DER BLÄTTERTEIGHAUBE

~:~:~:~:~:~:~:~:~:~:~:~:~:~:~:~:~

TK-Blätterteig spart sehr viel Zeit und Mühe, er sollte allerdings möglichst mit Butter hergestellt worden sein. Die Verschlussmethode ist dieselbe wie beim Mürbeteigrezept beschrieben.

~:~:~:~:~:~:~:~:~:~:~:~:~:~:~:~:~

50 g *Butter* in einer Pfanne schmelzen, 2 EL *Mehl* einrühren und kurz ohne Farbe anschwitzen. Nach und nach 450 ml kalte *Milch* angießen, dabei immer wieder glatt rühren, zum Schluss 10 Minuten unter Rühren leise kochen lassen. 2 EL gehackten *Dill* zugeben und mit *Salz, Zitrone* und etwas *Cayennepfeffer* kräftig abschmecken. Etwas abkühlen lassen, dann 400 g *Rotbarschfilet* in größeren Würfeln sowie 100 g *Shrimps* mit der Sauce mischen und in eine Form füllen. Mit einem *Blätterteigdeckel* verschließen und im vorgeheizten Ofen bei 180 °C etwa 30 Minuten backen.

HUHN UND ZWIEBEL MIT CHILI UND KORIANDER IM STRUDELMANTEL

~:~:~:~:~:~:~:~:~:~:~:~:~:~:~:~:~

Beinahe eine Art Quiche, die auch lauwarm sehr gut schmeckt.

~:~:~:~:~:~:~:~:~:~:~:~:~:~:~:~:~

250 g *Zwiebeln* in Streifen mit 2 EL *Olivenöl* ohne Farbe weich und glasig schwitzen. 1 kleine *Hähnchenbrust* (etwa 125 g, ohne Haut) in Streifen sowie 1 gehackte, frische *rote Chilischote* dazugeben und 5 Minuten mitgaren. Mit *Salz, Pfeffer, Zitronensaft* und wenigen Tropfen *Sesamöl* abschmecken und 2 EL grob gehackte *Korianderblätter* untermischen. 2 Blätter fertigen *Strudelteig* jeweils der Länge nach doppelt falten (mit etwas *Olivenöl* dazwischen) und über Kreuz in eine quadratische Form legen. Die Masse einfüllen, den Teig darüberschlagen, mit verquirltem *Ei* bestreichen und im vorgeheizten Ofen bei 180 °C etwa 20 Minuten backen.

WILDRESTE AUF JAPANISCH

~·~

Eine sehr schöne Verwertung für die Reste eines Wildbratens.

~·~

Für 2 Portionen 500 g *Hokkaido-Kürbis* (entkernt, aber mit Schale) in grobe Stücke schneiden, gut weich dämpfen, etwas auskühlen lassen und die Schale abziehen. Kürbisfleisch in einer Schüssel mit einer

Gabel zu Mus zerdrücken, dabei 20 g *Butter* einarbeiten und mit *Salz*, *Zitronensaft* und *-schale* abschmecken. Etwa 200 g gegartes *Wildfleisch* in Streifen schneiden, 220 g *TK-Sojabohnen* (Edamame, aus dem Asia-Laden) 5 Minuten blanchieren und entschoten. 50 g *Shiitake-Pilze* sowie 1 kleine *Lauchstange* putzen, in Streifen schneiden und in wenig *Olivenöl* kurz anbraten. 1 EL *gelbes Miso* in 100 ml heißem *Wasser* auflösen, 1 TL *Sojasauce*, 1 EL *Sake* und 1 EL fein gehackten frischen *Ingwer* untermischen. Fleisch, Gemüse und Sauce mischen und in eine Form füllen, mit dem Kürbismus bedecken und im vorgeheizten Ofen bei 180 °C etwa 30 Minuten backen.

KÄSE MIT KARTOFFELN UND OLIVEN IM HEFEKLEID

Mit einem grünen Salat wird daraus eine komplette Mahlzeit.

200 g *mehlige Kartoffeln* in der Schale kochen, schälen und mit der Gabel zerdrü-

cken. Mit 175 g ebenfalls mit der Gabel zerdrücktem *Feta* sowie 30 g geriebenem *Parmesan*, 50 g entsteinten *Kalamata-Oliven*, 25 g *getrockneten Tomaten in Öl* (in Streifen) und 2 kleinen verquirlten *Eiern* mischen. Mit *Salz* (vorsichtig) und *schwarzem Pfeffer* (reichlich) abschmecken. Eine Springform (18 cm Ø) mit etwa zwei Dritteln einer Packung fertig gekauften *Hefeteigs* auslegen (mit Rand), die Masse einfüllen, aus dem restlichen Teig einen Deckel formen und den Pie verschließen, mit *Ei* bestreichen und im vorgeheizten Ofen bei 160 °C etwa 45 Minuten backen.

CRANBERRIES, ROSINEN UND SPEKULATIUS

Dieses winterliche Dessert sieht auch in kleinen Portionsförmchen sehr dekorativ aus.

Je 40 g *Rosinen* und *Korinthen* einige Stunden mit dem Saft von 1 *Orange* einweichen. 1 Form (20 cm Ø) mit *Butter* einfetten. 225 g frische *Cranberries* mit der fein geriebenen Schale von 1 *Orange* und 50 g *braunem Zucker* mischen. Die Rosinen und Korinthen sowie 60 g zerbröckelten *Spekulatius* mit den Cranberries mischen. *Mürbeteig* (siehe Kasten) zum Deckel ausrollen und die Form damit verschließen. Bei 160 °C im vorgeheizten Ofen etwa 40 Minuten backen.

QUITTEN UND DÖRRPFLAUMEN IN ROTWEIN

Der Genuss lässt sich noch mit halbgeschlagener Sahne steigern!

2 *Quitten* (à 250 g) schälen, entkernen, in je 8 Spalten schneiden und nochmals quer halbieren. Mit 120 g *Dörrpflaumen* sowie 300 ml *Rotwein*, 100 g *Zucker*, 1 *Zimtstange*, 4 *Nelken* und der abgeriebenen Schale von 1 *Orange* leise köcheln, bis die Quitten weich sind. Im Wein abkühlen lassen, dann die Früchte herausnehmen und mit 50 g *Walnusskernen* in 4 Förmchen füllen. Den Wein mit den Gewürzen sirupartig einkochen und durch ein Sieb über die Früchte verteilen. Mit *Mürbeteig* verschließen, Schlitze einschneiden und mit *Ei* bestreichen. Im vorgeheizten Ofen bei 180 °C etwa 30 Minuten backen.

ALLE ÄPFEL SIND SCHON DA –

Es muss nicht immer Delicious sein

Niemand konnte vorhersehen, dass ausgerechnet die Frucht vom Baum der Erkenntnis (auch wenn es sich dabei eigentlich um den Granatapfel handelte – aber das ist eine andere Geschichte) das Schicksal erleiden würde, zum Norm-Obst zu verkommen.

Wurde der Apfel zunächst überschätzt, ist heute das Gegenteil der Fall. Die gängigen Früchte in Einheitsgrün und Einheitsrot, die das ganze Jahr über in Plastik verpackt im Supermarkt angeboten werden, lassen kaum ahnen, welch Aroma „Malus domestica" verströmen kann. Der Herbst ist die beste Zeit, um ausgefallene Sorten wiederzuentdecken. Es lohnt sich, auf Wochenmärkten und in Hofläden nach den alten Namen Ausschau zu halten. Manche Sorten sind für den sofortigen Genuss geeignet, andere halten sich in einer kühlen, nicht zu trockenen, dunklen Ecke erstaunlich lange. Die hier genannten können die Fülle des großen Angebots nur andeuten; Äpfel in Hülle und Fülle, ein Jammer, sie nur in herkömmlichen Kuchen und Gelees zu verarbeiten. In Lamm-

und Huhngerichten ersetzen sie (nach klassischem persischen Vorbild) nahezu jedes Sommergemüse, sie peppen mehlige Maronen auf und bereichern als Paste würzigen Käse – für einen langen, goldenen Apfelherbst.

MARONEN-APFELSUPPE MIT SALBEI

Die Äpfel dazu: aromatische Holsteiner Cox – ein norddeutscher Bruder des Cox Orange, einer 1825 in England entdeckten Reinetten-Art. Grünlichgelb, ein wenig rau, mit orangeroten Bäckchen auf der Sonnenseite. Auch bis Weihnachten gelagert bleibt er saftig und würzig.

♣ MARONEN-APFELSUPPE

1 *Zwiebel* würfeln und mit 100 g fein geschnittenem *Stangensellerie* sowie 2 großen, geschälten *Äpfeln* in Würfeln und frischem oder getrocknetem *Salbei* in reichlich *Butter* anschwitzen. 400 g geschälte *Maronen* dazugeben, *salzen* und mit 1,25 l *Wasser* auffüllen. Leise kochen, bis die Maronen gut weich sind. 120 ml *Sahne* zugeben und mit dem Stabmixer pürieren; mit *Pfeffer* und *Muskatnuss* abschmecken. Sehr gut passen in etwas *Öl* knusprig frittierte *Sellerieblätter*, unmittelbar vor dem Servieren auf die Suppe gestreut.

SÜSSSAURE GEWÜRZÄPFEL

Die Äpfel dazu: feste, duftige Goldparmänen. Mittelgroß und oben etwas abgeflacht, jetzt noch grün-rötlich, später am Baum ausgereift jedoch gelb-orange, mürbe und mit kaum zu übertreffendem Nussaroma – lassen sich gut lagern.

150 ml *Wasser* mit 100 g *braunem Zucker*, 150 ml *Apfelessig*, 2 Streifen *Zitronenschale*, 1 *Zimtstange*, 3 *Nelken* und 2 *Sternanis* 5 Minuten kochen. 2 große *Äpfel* schälen, entkernen, vierteln und in dem Sirup gerade

eben weich kochen. Die Früchte halten sich darin im Kühlschrank mindestens 1 Woche und werden dabei immer aromatischer. Sie schmecken besonders gut, wenn man sie in Spalten geschnitten kurz anbrät, etwa zu einem Feldsalat mit Walnussöl und Entenbrust oder einem Wildschweinragout.

BRATÄPFEL DER ANDEREN ART

Die Äpfel dazu: der leuchtendrote, relativ feste und süß-säuerliche Danziger Kantapfel. Die rotglänzende Sorte gehört zur Familie der Rosenäpfel. Benannt ist sie nicht nach dem großen Philosophen, sondern nach ihrer häufig etwas kantigen Form. Eine sehr alte Streuobstsorte, die im Oktober am besten schmeckt, nämlich duftig-weinig.

1 gewürfelte *Zwiebel* in *Olivenöl* anschwitzen, dann 250 g *Lammback* mit einer halbierten *Knoblauchzehe* darin krümelig anbraten. 1 kleine Handvoll grob zerkleinerte *Walnusskerne* und 2 EL gehackte *Minze* untermischen, mit *Salz, Pfeffer, Zimt*, zerstoßenem *Kreuzkümmel* und *Cayennepfeffer* kräftig abschmecken. 8 kleine *Äpfel* großzügig entkernen und mit der Masse füllen. Dicht nebeneinander in einen Bräter oder Topf setzen (eventuell übrige Fleischmasse unter die Äpfel geben). Etwas Wasser angießen und bei 150 °C im Ofen garen, bis die Äpfel weich sind; dabei kurz vor Ende mit etwas *(Apfel)Balsamessig* beträufeln. Super-Ergänzung: Kartoffel-Selleriepüree (für kalte Tage) oder Lauchgemüse (wenn es leichter sein soll).

APFELHUHN ❦

DUFTENDES APFELHUHN

Die Äpfel dazu: warm-aromatische und ein wenig mürbe Coulons Reinetten. Von außen grau-grün, flach und unscheinbar, doch unter der rauen Schale dieser Sorte verbirgt sich ein säurearmer, doch gar nicht fader, saftiger Kern. Coulons Reinetten können einen bis ins Frühjahr hinein begleiten.

Für 2 Portionen 1 gewürfelte *Zwiebel*, 2 EL gehackte *Petersilie*, 1 *Sternanis* und 1 halbierte *Knoblauchzehe* in einen kleinen Schmortopf geben und 2 *Hühnerkeulen* darauflegen (Ober- und Unterschenkel eventuell trennen). *Salzen* und *pfeffern*, dann mit gemahlenem *Ingwer*, *Safran*, *Koriander* und *Zimt* bestreuen – Menge nach Duftbedarf! Dünne Scheiben *Butter* aufs Fleisch legen, Wasser bis knapp darunter zugeben und zugedeckt etwa 45 Minuten ganz leise weich kochen. Das Fleisch herausnehmen und warmstellen. 2 *Äpfel* schälen, entkernen und klein geschnitten im Zwiebel-Gewürz-Fond mitkochen, der dabei gleichzeitig etwas reduziert. Abschmecken und über das Fleisch löffeln, mit *Reis* servieren.

APFEL-MEMBRILLO

Die Äpfel dazu: am besten eignet sich eine Mischung aus süß, säuerlich und herb, etwa James Grieve und Boskoop. Letzterer (aus den Niederlanden) fällt durch seine raue Schale auf und schmeckt herbsäuerlich, kräftig und fest. Er hält sich lange bis ins neue Jahr. James Grieve hingegen sollte alsbald genossen werden. Der glatte, hellgrüngelbe Apfel mit dem roten Bäckchen stammt von Ende des 19. Jahrhunderts aus Schottland und schmeckt süßfruchtig.

1½ kg *Äpfel* vierteln (schälen und entkernen ist nicht notwendig) und mit wenig *Wasser* gut weich kochen, durch ein Sieb passieren. Mit 900 g *Zucker* mischen und in einem schweren Topf unter häufigem Rühren langsam einkochen – Vorsicht: das kann spritzen! Nach einer guten halben Stunde wird das Püree deutlich dicker und eine Probe auf einem Teller schnell ziemlich fest. Den Membrillo auf ein leicht geöltes Blech (oder in eine Kastenform) gießen, aus dem er sich nach dem Erkalten leicht stürzen und in Würfel schneiden lässt. Er schmeckt wie das spanische Original aus Quitten („membrillo" heißt Quitte) gut zu kräftigem Hart- und Blauschimmelkäse, in Kristallzucker gewälzt aber auch „einfach so".

APFEL-FLAN MIT PFEFFER-BROMBEEREN

Die Äpfel dazu: der säuerliche und würzige Kaiser Wilhelm. Er stammt natürlich aus Deutschland und zwar aus den 60-er Jahren des 19. Jahrhunderts. Leicht zu erkennen ist er an der schorfigen „Krone" rund um den Stiel sowie an dem roten Mantel über gelbgrünem Grund. Doch beileibe kein Großmaul, sondern ein säuremarkanter, recht fester Kerl mit guter Würze, der sich gut hält.

Für 6 Portionen 750 g *Äpfel* schälen, entkernen und klein geschnitten mit einem kleinen Schuss *Wasser*, etwas *Vanille* und 5 EL *Zucker* schnell weich kochen. In einer Schüssel mit dem Schneebesen zu einem mehr oder weniger glatten Püree rühren und schnell 4 kleine, gut verquirlte *Eier* gründlich einarbeiten. Die Masse in 6 leicht gebutterte, runde Auflaufförmchen füllen, mit Alufolie verschließen und im Ofen bei 140 °C im Wasserbad 30 Minuten pochieren. Im Wasserbad erkalten lassen, dann gut durchkühlen lassen. Für die Pfeffer-*Brombeeren* 1 gute Handvoll Früchte mit wenig *Zucker* aufkochen und pürieren, mit *schwarzem Pfeffer* abschmecken und mit einigen frischen *Brombeeren* zum gestürzten Flan servieren.

APFELTARTE MIT SCHAFSKÄSE UND THYMIAN

Die Äpfel dazu: der herbe, feinsäuerliche Finkenwerder Herbstprinz. Diese glockenförmige grüne Sorte mit gelegentlich roter Färbung auf einer Seite stammt von der Niederelbe und ist der richtige Apfel für alle, denen Elstar und Delicious viel zu süß sind.

140 g *Mehl* mit 1 Prise *Salz* sowie 60 g kalter *Butter* in Würfeln, 40 g geriebenem harten Schafskäse (Pecorino oder ähnliches, je gereifter, desto würziger) und 1 Eigelb schnell zum Mürbeteig verkneten – eventuell ein paar Tropfen kaltes *Wasser* dazugeben. In Folie wickeln und mindestens 30 Minuten kalt stellen, dann eine Spring- oder Tarteform (26 cm Ø) damit auslegen (einen kleinen Rand formen) und im vorgeheizten Ofen bei 180 °C 15 Minuten vorbacken und abkühlen lassen. 3 Äpfel in dünne Spalten schneiden und auf dem Teigboden auslegen. 100 g Schafskäse (Feta oder ähnliches) darüberbröckeln und mit frischem *Thymian* sowie grob gemahlenem *schwarzen Pfeffer* bestreuen. Nochmals gute 15 Minuten backen, bis alles goldbraun leuchtet und duftet – schmeckt allen, die nicht unbedingt auf Süßes stehen, zum Skat, zum Tee oder einfach so.

ÄPFEL MIT BLAUSCHIMMEL-KÄSECREME IM GLAS

Die Äpfel dazu: saftig-knackige und wunderbar aromatische Ananasreinetten. Diese kleine, runde gelbgrüne Sorte macht ihrem Namen alle Ehre, schmeckt sowohl aus der Hand als auch in verarbeiteter Form und hält sich bis in den Februar.

75 g kräftigen *Blauschimmelkäse* mit der Gabel zerdrücken und mit 100 g *Schafsjoghurt* zu einer homogenen, glatten Masse mischen, mit *schwarzem Pfeffer* würzen. 1 Scheibe *dunkles Vollkornbrot* in Würfel schneiden und in der Pfanne mit wenig *Butter* anrösten. 2 *Äpfel* in Würfel schneiden und in wenig *Butter* anbraten, mit etwas gehacktem *Estragon* und ein wenig *Akazienhonig* mi-

schen. 1 weiteren Apfel in Spalten schneiden und ebenfalls anbraten. Das Ganze in
kleine Gläser schichten: zuerst die Apfel-
würfel, dann das Brot, schließlich die
Käsecreme. Mit den Apfelschnitzen ab-
schließen – ein kleines Käse-Dessert.

Manche mögen's herb –
Quitten in der Küche

%×%

Quitten duften als reife Früchte betörend, erweisen sich aber im rohen Zustand meist als hart, herb und sauer. Wer sich jedoch die Zeit nimmt, sie zu verarbeiten, wird eine Überraschung erleben.

%×%

In Deutschland gibt es nur sehr wenig professionellen Quittenanbau. Was hier beim Obsthändler angeboten wird, stammt vor allem aus Frankreich, Italien, Griechenland und der Türkei. Das weist auch auf den Ursprung der leuchtend gelben, knubbeligen Früchte hin. Wie der Apfel gehören sie zur Familie der Rosengewächse und entstanden wahrscheinlich auch durch eine Zufallskreuzung vor Urzeiten im Kaukasus. Dort gibt es heute noch unzählige Wildformen.

Sprachlich ist der Weg der Quitte eher schwierig nachzuvollziehen, da lange Zeit runde Baumfrüchte generell als „mela" oder „mala" bezeichnet wurden, worunter man alles vom gemeinen Apfel über den Granatapfel bis hin zu Zitrusfrüchten verstand. Die goldenen Früchte der Hesperiden und der Apfel des Paris könnten auch Quitten gewesen sein … Spätestens zu Zeiten des Hippokrates wurden die Äpfel aus Kydonia, einer nordkretischen Stadt, die für ihre Quittenplantagen bekannt war, jedoch deutlich von ihren Verwandten unterschieden. Man schätzte sie sehr, als wohlschmeckend und heilkräftig.

Der buschartige Baum ist robust und relativ anspruchslos, aber meist so frostempfindlich, dass er auf geschützte Ecken in Bauern- und Klöstergarten angewiesen ist. Seine Früchte reifen spät in unseren Breitengraden. Die Unterteilung in Apfel- und Birnenquitten ist meist eine rein optische. Alle müssen jedoch unbedingt vor dem ersten Frost gepflückt werden; gegebenenfalls reifen sie in einer kühlen, aber nicht kalten Keller- oder Küchenecke nach.

QUITTENGELEE MIT KÜRBIS UND DATTELN

Quittengelee einmal anders.

250 g klein gewürfeltes *Kürbisfleisch* (Hokkaido, Muskatkürbis) mit 75 g *Zucker* und

GEGEN DIE LANGEWEILE AUF DEM FRÜHSTÜCKSBRÖTCHEN – AUFGEPEPPTES QUITTENGELEE

TIPP!

Dass Quitten reich sind an Pektinen, Kalium und Vitamin C, ist weitgehend unbekannt, dass die Früchte viel Gerbstoff sowie unmäßig viele Steinzellen – tote, harte Zellen, aus denen beispielsweise auch Nussschalen bestehen – enthalten, ist jedem vertraut, der je eine Quitte unter dem Messer gehabt hat. Die einfachste Art, Quittenaroma zu genießen, besteht daher im Kauf von gutem Quittensaft, -wein oder -brand. Für die eigene Verarbeitung ist Quittengelee mit dem geringsten Aufwand verbunden, da die Früchte hierfür lediglich abgerieben, gewaschen und geviertelt werden müssen, nicht aber geschält oder entkernt. In vielen Haushalten führt dies im Spätherbst und Winter zu einer wahren Schwemme an Quittengelee. Deshalb gibt es hier auch einen Vorschlag für die Weiterverarbeitung.

der in feinste Streifen geschnittenen Schale sowie dem Saft von 1 *Orange* und 1 *Zitrone* knapp weich kochen. 150 g entsteinte und in Würfel geschnittene *Datteln*, 500 g *Quittengelee* und 40 g grob gehackte *Walnusskerne* untermischen; nach Belieben mit frisch geriebenem *Ingwer* abschmecken. Alles zusammen 5 Minuten sprudelnd kochen und in Gläser abfüllen.

GEBACKENE QUITTEN

Duften wunderbar beim Kochen, Aromatherapie für die Küche.

4 kleinere *Quitten* horizontal halbieren, entkernen und mit der aufgeschnittenen Seite nach oben in eine großzügig ausgebutterte Auflaufform setzen. Mit 4 EL *Zu-*

GEBACKENE QUITTEN

↟ TARTE TATIN

TARTE TATIN VON QUITTEN

~-

Diese umgekehrt gebackene Torte gelingt problemlos, wenn man nicht mit Butter spart.

~-

3–4 *Quitten* schälen, entkernen und in dickere Spalten schneiden. 500 ml *Weißwein* mit 100 g *Honig*, 1 *Zimtstange*, 2 *Nelken* und 2 zerstoßenen *Pimentkörnern* aufkochen und die Quittenschnitze darin knapp weich dünsten. Die Früchte herausnehmen und den Fond zu Sirup einkochen. Eine schwere Pfanne oder flache Auflaufform (ca. 24 cm Ø) sehr großzügig mit *Butter* einreiben, mit *Zucker* ausstreuen und die Quittenschnitze in einer Schicht dekorativ anordnen. 200 g fertigen *Blätter- oder Mürbeteig* rund und etwas größer als die Form ausrollen. Über die Quitten legen und den Überstand zwischen Früchte und Rand der Form drücken. Im vorgeheizten Ofen bei 200 °C ca. 25 Minuten backen, bis der Teig schön gebräunt ist. Einige Minuten stehen lassen, dann auf eine Platte stürzen und mit dem Sirup und *Walnusseis* servieren.

cker bestreuen und mit *Butterflöckchen* besetzen. Etwas *Wasser* in die Form geben und bei 180 °C ca. 1 Stunde backen, bis die Quitten ganz weich sind. Dabei von Zeit zu Zeit mit dem Fond begießen und wenn nötig mehr Wasser dazugeben. Warm mit dem entstandenen Sirup und *Crème Fraîche* oder halbgeschlagener *Sahne* servieren.

REHRAGOUT ❧

REHRAGOUT MIT QUITTEN UND KASTANIEN

~-~-~-~-~-~-~-~-~-~-~-~-~-~-~-~-

*Auch Fasan oder Rebhuhn harmonieren gut
mit Quitten und Maronen.*

~-~-~-~-~-~-~-~-~-~-~-~-~-~-~-~-

Für 5–6 Portionen 1 große *Zwiebel* und
1 *Knoblauchzehe* in Würfeln mit 100 g *durch-
wachsenem Speck* in Streifen in *Butter* glasig
dünsten. 1 kg *Rehschulter* in gulaschgroßen
Würfeln dazugeben und etwas anbraten.
Mit 300 ml säuremildem, trockenem
Weißwein ablöschen, *salzen* und *pfeffern*; die
Schale von 1 *Orange* in feinsten Streifen,
5 zerdrückte *Wacholderbeeren* und 1 *Sternanis*
dazugeben, dann zugedeckt leise schmoren lassen. Separat 2 geschälte, entkernte
Quitten in Schnitzen in *Butter* langsam braten. Kurz bevor sie weich sind, 250 g vor-
gegarte, vakuumierte *Maronen* mitbraten
und vielleicht etwas frischen *Thymian*
dazugeben. Das Ragout (Gesamtgarzeit
1–1¼ Stunden) zum Schluss nochmals abschmecken; mit Quitten und Maronen anrichten.

QUITTENSALAT AUF THAILÄNDISCHE ART

~-~-~-~-~-~-~-~-~-~-~-~-~-~-~-~-

*Klingt ungewohnt, funktioniert aber gerade
wegen der besonderen Struktur der Quitten
sehr gut.*

~-~-~-~-~-~-~-~-~-~-~-~-~-~-~-~-

3 mittelgroße *Quitten* schälen, entkernen
und in feine Spalten schneiden. In *Traubenkernöl* langsam braten, sodass sie etwas
Farbe annehmen und weich werden; dabei eventuell mit etwas *Wasser* ablöschen.
In eine Schüssel geben. 2 cm frischen
Ingwer, 2 *Knoblauchzehen*, 1–2 entkernte,
scharfe *rote Chilischoten* (alles fein gewürfelt), 2 EL *getrocknete Shrimps* und 2 EL geschälte, ungesalzene *Erdnüsse* (beides aus
dem Asialaden) im Mörser stampfen oder
hacken und mit ½ TL *braunem Zucker*, 2 EL
Fischsauce sowie 2 EL *Limettensaft* mischen.
Diese Marinade sowie reichlich frischen,
grob gehackten *Koriander* und 4 geviertel-
te *Tomaten* mit den Quitten vermischen
und ½ Stunde ziehen lassen. Mit gebratener *Hühnerbrust oder Stubenküken* servieren.

THAILÄNDISCHER QUITTENSALAT ◢

Köstliche Bastelarbeit –
Terrinen, Pasteten und fruchtige Begleiter

%×%

Es wird früh dunkel, beste Gelegenheit, im angehenden Winter in vorweihnachtlicher Atmosphäre einen Bastelnachmittag für Erwachsene einzulegen. Die jüngere Generation mag Kekse ausstechen und mit Zuckerguss klecksen, der fortgeschrittene Küchenbastler versucht sich an Terrinen, Pasteten und ihren fruchtigwürzigen Begleitern.

%×%

Die taugen als Geschenke, erfreuen aber auch auf dem eigenen Tisch wie ein Geschenk in essbarer Verpackung. Und keine Angst – dies alles funktioniert ganz ohne Fleischwolf und ähnliche Profiküchenausstattung! Hier geht es nicht um optische Perfektion, sondern entspanntes Ausprobieren im Rahmen häuslicher Möglichkeiten. Pasteten und Früchte gewinnen durch ein paar Tage Lagerung, sodass es sich lohnt, sie möglichst bald zu „basteln", während sich Terrine und Parfait für spontane Aktionen eignen. Überflüssig zu erwähnen, dass es für diesen Aufwand die bestmöglichen Zutaten sein sollten.

Basisrezept Pasteten-Teig

~:~:~:~:~:~:~:~:~:~:~:~:~:~:~:~

Der Teig ist sehr einfach in Herstellung und Verarbeitung, solange man ihn nicht vollständig erkalten lässt – ein winterlicher Händewärmer!

~:~:~:~:~:~:~:~:~:~:~:~:~:~:~:~

175 g Schweineschmalz mit 200 ml Wasser und 1 Rosmarinzweig langsam schmelzen und zum Kochen bringen.
500 g Mehl mit 1 gehäuften TL Salz mischen. Unter fortwährendem Rühren mit den Knethaken von Handquirl oder der Küchenmaschine das Schmalzwasser zugießen (Rosmarin entfernen) und zu einem glatten Teig verarbeiten.
Sobald die Temperatur dies zulässt, mit den Handballen durchkneten, dann etwas ruhen und etwa auf Körpertemperatur abkühlen lassen.

TIPP!

SPINAT-TERRINE

~•~

Das Rezept ist für eine rechteckige Form in den Maßen 24 x 10 x 6 cm ausgelegt, das ergibt etwa 10 Portionen.

~•~

500 g geputzten und gewaschenen *Spinat* blanchieren, kräftig ausdrücken und grob hacken – alternativ tiefgekühlten Blattspinat auftauen und gut ausdrücken. 500 g *Schweineback* (nicht zu mager!) mit 3 gestrichenen TL *Salz*, *schwarzem Pfeffer*, gemahlenem *Piment* und geriebener *Muskatnuss* kräftig abschmecken und mit dem Spinat mischen; das geht am besten mit den Hän-

den. Die Terrinenform mit *grünem Speck* (also fettem, ungeräuchertem Speck, den ein freundlicher Metzger in dünne Scheiben schneidet) auslegen, sodass die Scheiben über den Rand hängen. Die Masse gleichmäßig einfüllen, den Speck darüberklappen und eventuell noch eine Scheibe darüberlegen. Deckel aufsetzen oder mit Alufolie abdecken. Im Wasserbad (ein tiefes Backblech oder ähnliches, sodass die Form etwa halbhoch im Wasser steht) im vorgeheizten Ofen bei 160 °C 50 Minuten garen und in der Form erkalten lassen. Schmeckt nach zwei bis drei Tagen am besten.

🌳 RUNDE PASTETE

RUNDE PASTETE MIT SCHWEINEFLEISCH

~·~

Ein englischer Klassiker, der als Melton Mowbray Pie kleiner und ohne Form gemacht wird.

~·~

Teig wie im Basisrezept beschrieben zubereiten. Ein Viertel des Teiges für den Deckel beiseite legen, mit dem Rest eine gefettete Springform (18 cm Ø) gut ½ cm dick auslegen – einfach mit den Händen auseinanderdrücken und über den Rand hochziehen (er darf keine Risse oder Lö-

cher haben). 800 g *Schweinenacken* (Fettanteil *ca.* ein Viertel, gegebenenfalls etwas Schweinebauch dazunehmen) mit dem Messer in etwa 1 x 1 cm große Würfel schneiden, mit *Salz, Pfeffer,* etwas *Salbei* und 1 TL *Anchovispaste* kräftig abschmecken. Das Fleisch locker und gleichmäßig in die Form füllen. Die Teigränder mit verquirltem *Ei* bestreichen, den Deckel auflegen und mit den Fingern gut zusammendrücken. Drei Löcher in den Deckel drücken (1 cm Ø), Verzierungen nach Lust und Laune aus den Teigresten mit Ei aufkleben. Dann ganz mit Ei bestreichen und im vorgeheizten Ofen 30 Minuten bei 180 °C, dann 90 Minuten bei 160 °C backen; eventuell mit Folie abdecken. In der Form erkalten lassen und durch die Löcher mit *gelierendem Fond* aufgießen (entweder aus Schweinefüßchen, Knochen und Gemüse selbst kochen oder die entsprechende Menge Gelatine in einem Fertigprodukt auflösen). Aus denselben Mengen lassen sich auch drei klassische kleine Pies machen, für die man den handwarmen Teig über ein gut gefettetes, umgedrehtes Marmeladenglas (8 cm Ø) gut 6 cm hoch formt, mit einer Papiermanschette umbindet, etwas fest werden lässt, vorsichtig abnimmt und dann vollständig erkalten und ersteifen lässt (Backzeit dann 30 plus 60 Minuten).

WEIHNACHTSPASTETE

~·~

Durch die Verwendung von Wurstbrät lässt sich das aufwendige Hantieren mit einem Fleischwolf vermeiden.

~·~

75 g entsteinte *Dörrpflaumen* mit 150 ml *Rotwein* aufkochen und einige Stunden einweichen. 1 Stück *Hirschfilet* von etwa 4 cm Durchmesser in der Länge der Terrine (etwa 300 g) von allen Seiten schnell anbraten, dabei zum Schluss fein gemörserte Gewürze wie *Zimt*, *Nelke*, *Piment*, *Pfeffer* und *Kardamom* aufstreuen. In derselben Pfanne 125 g *Kalbsleber* in 1 cm großen Würfeln sehr schnell anbraten. Alles gut erkalten lassen. Einen *Pasteten-Teig* (siehe Kasten) herstellen, gerade noch lauwarm

½ cm dick ausrollen und die mit Backpapier ausgelegte Form damit auskleiden, Teig überhängen lassen (entsprechende Menge für den Deckel beiseite legen). 400 g *Wurstbrät* (rohen Bratwürsten den Darm abziehen, je nach Geschmack fein, grob oder gemischt) mit 25 g grob gehackten *Walnüssen* und der Kalbsleber mischen, die Hälfte davon in die Terrine streichen. Das Hirschfilet hineindrücken, die gut ab-

getropften Pflaumen darauflegen und den Rest der Brätmasse darum und darüber verteilen. Teigränder darüberklappen, mit *Ei* bestreichen, den Deckel mit den Fingern oder einer Gabel gut festdrücken. Nach Belieben verzieren, zwei Löcher hineindrücken und mit Ei bestreichen. Im vorgeheizten Ofen erst bei 180 °C 15 Minuten, dann 30 Minuten bei 160 °C backen. In der Form erkalten lassen und mit *Gelee*

❦ GEFLÜGELLEBERPARFAIT

(entweder aus Schweinefüßchen, Knochen und Gemüse selbst kochen oder die entsprechende Menge Gelatine in einem Fertigprodukt auflösen) ausgießen.

GEFLÜGELLEBERPARFAIT

Die Luxussteigerung von Leberwurst!

50 ml *Weißwein* mit 50 ml *Portwein* oder *Sherry*, dem Saft von 1 kleinen *Orange*, 1 klein geschnittene *Schalotte*, *Thymian* und *Lorbeer* aufkochen, erkalten lassen und passieren. 250 g *Hühner-, Enten- und/oder Gänseleber* von Häuten und Sehnen befreien, mit 250 g *Butter* in Würfeln vermengen, *salzen* und *pfeffern* (wer eine Bezugsquelle dafür hat, kann auch ganz wenig Pökelsalz zugeben, dann bleibt das Endergebnis länger rosa). Bei sehr kleiner Hitze unter häufigem Rühren langsam erwärmen, bis die Butter kurz vor dem Siedepunkt ist bzw. beim allerersten aufsteigenden leisen Blubb wegziehen. 75 g der Weinreduktion zugeben und das Ganze abgedeckt auf Körpertemperatur abkühlen lassen (von außen fühlen oder mit dem Fleischthermometer messen). Alles im Mixer pürieren, dabei 3 EL flüssige *Sahne* zugeben. Durch ein feines Sieb passieren und unabgedeckt kalt stellen.

GEWÜRZPFLAUMEN

Wie alle würzig eingelegten Früchte und Chutneys schmecken auch diese Pflaumen am besten, wenn sie mindestens eine Woche reifen dürfen.

500 g entsteinte *Dörrpflaumen* (die besten kommen aus Agen) über Nacht in reichlich kaltem *Wasser* einweichen. 300 ml *Apfelessig* mit 250 g *braunem Zucker*, 2 *Zimtstangen*, 1 gehäuften EL leicht angequetschten *Korianderkörnern* und 1 Streifen ganz dünn abgeschälte *Orangenschale* sowie 1 entkernten, scharfen *roten Chilischote* aufkochen, 10 Minuten leise köcheln lassen. Die gründlich abgetropften Pflaumen dazugeben und einmal aufkochen. In Gläser abfüllen, sodass die Gewürze in etwa gleichmäßig verteilt und die Pflaumen ganz mit dem Sirup bedeckt sind.

SÜSSSAURE QUITTEN

In dekorative Gläser gefüllt und mit einem handgeschriebenen Etikett ist das ein sehr individuelles Geschenk.

4 mittelgroße *Quitten* schälen, entkernen und in jeweils 8 Schnitze schneiden. In einem Topf mit kaltem, recht kräftig *gesalzenem Wasser* zum Kochen bringen und 10 Minuten köcheln. 500 ml von dem Fond auffangen, mit 500 g *Zucker*, 200 ml *Weißweinessig*, 1 EL *Korianderkörnern*, 1 TL *weißen Pfefferkörnern* (beide leicht angequetscht) und 4 *Nelken* zum Kochen bringen, die Quitten darin weich kochen und über Nacht kalt gestellt ziehen lassen. Am nächsten Tag die Quitten in Gläser füllen, den Sirup nochmals aufkochen und darüber verteilen.

CRANBERRY-CHUTNEY

Eine ungewöhnliche Art des Chutneykochens, die aber die Zugabe von Flüssigkeit erübrigt und deshalb zu einem besonders geschmacksintensiven Ergebnis führt.

500 g frische oder aufgetaute *Cranberries*, abgeriebene Schale und Saft von 1 *Orange*, 250 g *braunen Zucker*, 2 EL *Traubenkernöl*, 1 TL *Salz*, 4 angedrückte *Kardamomkapseln*, 4 *Nelken*, 2 *Zimtstangen* und 1 halbierte, kleine, scharfe *rote Chilischote* in einer flachen Auflaufform mischen. Im vorgeheizten Ofen bei 180 °C backen, bis die Cranberries zu platzen beginnen und die Flüssigkeit leicht karamelisiert. In die Schüssel zurückfüllen und den Saft von ½ *Orange* sowie 2 EL *Portwein* unterrühren. Hält sich im Kühlschrank mindestens 4 Wochen.

ENGLISCHER PLUM PUDDING MIT „HARTER" SAUCE

Als Pudding wird in England entweder generell süßer Nachtisch bezeichnet oder aber genauer eine im Wasserdampf gegarte Zubereitung. Was uns dabei als Plum Pudding geläufig ist, war früher eine Grütze mit Dörrpflaumen. Heute sagen unsere Inselnachbarn viel eher Christmas Pudding, wenn sie von dem Klassiker sprechen, der so selbstverständlich zu Weihnachten gehört wie der Truthahn. Er sollte nach dem ersten Dämpfen an einem kühlen Ort mehrere Wochen la-

gern, optimal sind allerdings Monate. Der englische Klassiker ist relativ unaufwendig in der Herstellung und dämpft während der Pastetenbastelei so nebenber. In kleinen Porzellan-Puddingförmchen ist das ein schönes und ungewöhnliches Geschenk, das sich gut mit einer kleinen Flasche Dessertwein ergänzen lässt. Diese Menge ergibt 4 kleinere Puddings, die abhängig von Appetit und Gusto jeweils drei bis sechs weihnachtliche Gemüter erfreuen.

~-~

In einer Schüssel 225 g große *Rosinen*, 225 g *Korinthen*, 170 g entrindeter, fein zerbröselter *Vollkorntoast*, 55 g gehackte *Mandeln*, je 30 g gehacktes *Zitronat* und *Orangeat*, die abgeriebene Schale von 1 großen *Orange*, 1 TL *Muskatnuss*, 1 TL *Zimt* sowie 1 gute Prise *Nelken* (alle Gewürze gemahlen) und 1 Prise *Salz* mischen. 3 große *Eier* mit 150 ml *Portwein* und 90 ml *Weinbrand* schaumig schlagen. Zu dem Früchte-Nuss-Gemisch geben und gründlich vermengen. Den Boden der gefetteten Puddingformen jeweils mit rund ausgeschnittenem gefetteten Backpapier auslegen, die Masse hineingeben (es sollte ein fingerbreiter Rand verbleiben) und mit Deckel oder doppelt gefalteter Alufolie und Schnur verschließen. 5 Stunden im Wasserdampf garen, dann 1 EL Weinbrand darüber verteilen und kühl lagern. Vor dem Servieren nochmals 2 Stunden dämpfen. Stürzen, mit Weinbrand flambieren und dazu Vanillesauce, Vanille- oder Ingwereis oder ganz traditionell (und köstlich) „harte" Sauce servieren. Dafür 250 g *Butter* mit 125 g *Puderzucker* und 1 Prise *Salz* sehr schaumig schlagen, dann 3 EL *Rum oder Weinbrand* untermischen und mit *Zitronensaft* und *Muskatnuss* abschmecken – hält sich sehr lange im Kühlschrank.

BITTER RECHT FREUNDLICH –

Bitterorangenmarmelade nach englischer Art

%×

Kulinarisch hat das Bittere in unserem Leben nur selten seinen großen Auftritt, allenfalls ist es Nebendarsteller und auch als solcher dann wahrscheinlich gerade dabei, von Züchtung und Lebensmittelindustrie durch knuddelige Süße ersetzt zu werden. Doch der Gegentrend zur glatt gehobelten Aromenlangeweile ist schon da.

%×

Nach feinherben Cranberries, Wildkräutern und dunkler Schokolade heißt die nächste Entwicklungsstufe erwachsener Genießergaumen Bitterorangen. Das wahre Potenzial von „Citrus aurantium" offenbart sich jedoch nur dem, der die aromatische Schale (mitsamt ihrem inneren weißen Teil) und das sauerbittere Fruchtfleisch gleichermaßen zu nutzen weiß. Darin sind britische Marmeladenkocher seit Jahrhunderten Spezialisten, die den Grundstoff dafür traditionell aus Portugal und dem spanischen Sevilla beziehen. Anders als bei herkömmlichen süßen Orangen ist die Saison kurz, von Ende November etwa bis Ende Januar; Bezugsquellen gilt es hierzulande mit hartnäckigem Nachfragen aufzuspüren, am größten ist

die Chance in Bioläden. Da lässt sich dann nicht nur der Frühstückstisch bereichern, sondern auch der Ursprung der Ente in Orangensauce erkunden.

BITTERORANGEN-MARMELADE

~·~

Für dieses Rezept sind Zeit und Geduld unerlässlich – ohne ausgiebiges Rühren nämlich gelingt es nicht. Gleichzeitig aber eine beschauliche, duftintensive, handgelenkstärkende Tätigkeit und genau der richtige Moment für das neueste Hörbuch!

~·~

Für etwa 7 Gläser 13 *Bitterorangen* in einem großen flachen Topf knapp mit *Wasser* be-

decken und zugedeckt 30 Minuten leicht sprudelnd kochen. Kochwasser auffangen, Orangen kurz abkühlen lassen, dann sechsteln. Mit den Fingern die Kerne herausdrücken (aber möglichst wenig vom Fruchtfleisch) und in ein Stoffsäckchen einbinden. Die Orangensechstel mit einem scharfen Messer in möglichst feine Streifen schneiden und abwiegen (13 Orangen ergeben etwa 1,4 kg Frucht). Im Topf mit derselben Menge *Zucker* mischen (das kann auch zu einem Teil brauner Vollrohrzucker sein, dann ist das Ergebnis dunkler und würziger), außerdem pro Kilogramm Frucht 600 ml von dem Kochwasser unterrühren, bei 1,4 kg also 840 ml. Den Beutel mit den Kernen dazugeben und alles unter häufigem Rühren zum Kochen bringen. Dann die Hitze etwas reduzieren, aber 45 Minuten weiter richtig sprudelnd kochen – und immer wieder rühren! Nach 30 Minuten 1 ausgedrückte halbierte *Zitrone* mitsamt Saft zugeben. Die Masse wird immer dickflüssiger und transparenter, und sie muss nach einer Weile beim Umrühren richtig spritzen und spucken – Vorsicht! Zum Schluss sollte eine Probe auf einem kalten Teller eine leichte Haut bilden. Dann den Topf vom Herd nehmen, den Kerne-Beutel und die Zitrone gut ausdrücken und herausnehmen, die Marmelade nochmals umrühren und in Gläser abfüllen.

ZITRUS-MARMELADE

Angelehnt an obiges Rezept – für alle, die keine Bitterorangen finden.

2 normale *Orangen*, 2 rosa *Grapefruit* und 1 *Zitrone* (alle unbehandelt) 30 Minuten kochen, Kochwasser auffangen. Früchte in möglichst feine Streifen schneiden (Kerne entfernen). Mit 1 kg *weißem*, 250 g *braunem Rohrzucker* sowie 500 ml vom Kochwasser mischen, unter Rühren zum Kochen bringen und etwa 45 Minuten sprudelnd kochen. Gegen Ende der Kochzeit Saft von 1 *Zitrone oder Limette* zugeben.

PARFAIT MIT BITTERORANGEN-MARMELADE

~-~-~-~-~-~-~-~-~-~-~-~-~-~-~-~-~-~-

*Das Aroma der Bitterorangen bildet einen
sehr angenehmen Gegenpol zu der Üppigkeit
von Sahne und Ei, sodass der Gesamtein-
druck nahezu leicht und gar nicht süß wirkt.*

~-~-~-~-~-~-~-~-~-~-~-~-~-~-~-~-~-~-

350 g *Bitterorangen-Marmelade* mit dem Saft
von 1 *Zitrone* und 5 cl *Orangengeist* (etwa
38 vol%, kein Likör!) mit dem Stabmixer
soweit pürieren, dass die Schalen kleine
Stückchen sind. 5 *Eigelb* mit 35 g *Zucker* im
warmen Wasserbad aufschlagen, dann
kalt schlagen und nach und nach vorsichtig mit der Marmelade mischen. Schließlich ebenso vorsichtig 500 ml steif geschlagene *Sahne* unterziehen, abfüllen, abdecken und tiefkühlen. Dazu passt hervorragend jegliche Form von Schokolade.

AN ENGLISHMAN'S DREAM OF CHOCOLATE AND MARMALADE

~-~-~-~-~-~-~-~-~-~-~-~-~-~-~-~-~-~-

*Zusammen mit dem Parfait eine wahre
Orangen-Orgie …*

~-~-~-~-~-~-~-~-~-~-~-~-~-~-~-~-~-~-

150 g weiche *Butter* mit 150 g hellem *Rohrzucker* und 1 Prise *Salz* schaumig schlagen.
135 g *Mehl* mit 1 TL *Backpulver* und 20 g *Ka-
kaopulver* mischen, mit 3 *Eiern* abwechselnd
unter die Butter-Zuckermasse rühren.
Den Teig in eine gefettete Springform
(18 cm Ø) füllen, glatt streichen und im
vorgeheizten Ofen bei 160 °C 45 Minuten
backen. Erkalten und abgedeckt über
Nacht ruhen lassen, da der Teigboden
sonst beim Aufschneiden zu sehr krümelt.
100 g *Zucker* mit 100 ml *Wasser* erhitzen,
bis sich der Zucker aufgelöst hat, erkalten
lassen und 3 EL *Orangengeist* zugeben

(alternativ Orangenlikör und nur 50 g Zucker verwenden). Den Boden waagrecht mit einem großen Messer oder einem Zwirnfaden dreimal durchschneiden, sodass 4 Platten entstehen. 1 kleines Glas *Bitterorangen-Marmelade* erwärmen. Die unterste Kuchenscheibe auf eine Tortenplatte setzen, mit dem Sirup tränken und mit Marmelade bestreichen, die nächste Platte daraufsetzen und so weiter verfahren; das Oberteil nur tränken. Die Torte einige Stunden ruhen lassen, dann entweder zusammen mit dem Parfait als Dessert servieren (dann machen sich einige *kandierte Orangenstreifen* sehr schön als Dekoration) oder aber mit steif geschlagener *Sahne* einstreichen und mit dunklen *Schokoladenspänen* bestreuen und zum Espresso oder einem Darjeeling Second Flush genießen.

ENTE MIT ORANGENSAUCE

„Canard à l'Orange" klingt großartig und doch ist dieser Klassiker oft zu übermäßiger Süße verunstaltet und mit Likör misshandelt. Verfolgt man ihn in graue Küchen-Vorzeit zurück, dann wird klar: Dies ist ursprünglich ein Wildgeflügelrezept, bei dem das sehr magere Fleisch blutig gebraten und mit dem Saft von Bitterorangen gewürzt wurde. Hier eine modernisierte Version mit der Originalzutat, übrigens in vielen alten Speiseplänen immer ein Januargericht. Sehr gut schmecken dazu langsam gebratene Selleriescheiben und Rosenkohl.

1 *Wildente* (etwa 600 g, für 2 Portionen) im Ofen bei 180 °C 20 Minuten blutig bis rosa braten. Von 1 *Bitterorange* die Schale sehr dünn abschälen, in feinste Streifen schneiden und blanchieren. Ente auf einen Teller legen, Brust und Keulen auf der Karkasse in breite Streifen schneiden, aber nicht abschneiden. Mit *Salz* und *Pfeffer* würzen und mit dem Saft der Bitterorange beträufeln. Fleisch- und Orangensaft in die Pfanne abgießen, den Teller mit der Ente für 5 Minuten zurück in den Ofen stellen. Den Bratenfond mit dem Fleisch-Orangensaft loskochen, eventuell noch etwas *Geflügelfond oder -jus* dazugeben, alles einkochen, etwas kalte *Butter* einschwenken und die Julienne dazugeben. Das Fleisch vom Knochen schneiden und mit der Sauce anrichten.

HEUTE GIBT ES RESTE –

Kulinarische Resteverwertung nach Weihnachten

Unsere englischen Inselnachbarn stöhnen meist schon vor den Feiertagen über die Last der Truthahnreste. Der häufig vollkommen überdimensionierte Vogel birgt viel zuviel und in der Regel eher trockenes Fleisch an den Knochen und droht mit endlosen Wiederverwertungen in Form von Sandwichfüllungen (mit viel Mayonnaise), Currys (mit Mango-Chutney) oder dünner Suppe.

Doch wenn überhaupt – häufig werden Überreste einfach entsorgt. Damit die jahresendzeitlichen guten Vorsätze nicht ausgerechnet von den Überresten des Weihnachtsbratens belastet werden, hier Vorschläge für die kreative Zweitverwertung. Wir lassen nicht nur Gans, Ente und Reh in ganz neuer Form auferstehen, sondern nehmen uns auch der Rosenkohl-, Rotkraut- und Räucherlachs-Überbleibsel an und freuen uns außerdem über den Kürbis, Sellerie, Grün- und Spitzkohl, den wir vor den Feiertagen noch spontan gekauft, aber nicht verarbeitet haben. Generell lässt sich gebratenes Fleisch kurz und schnell in Scheiben braten oder in einer Sauce aufwärmen beziehungsweise in einen Auflauf oder Ähnliches integrieren. Etwaige Saucenreste, Gänse- oder Entenfett sowie Knochen können dabei ebenfalls Verwendung finden.

ASIATISCHE GEFLÜGELSUPPE MIT REISNUDELN, SOJASAUCE UND ZIMT

Diese exotisch duftende Suppe ist nach feiertäglichen Exzessen besonders wohltuend.

Das *Fleisch von Ente oder Gans* abpulen, die Knochen etwas zerkleinern und mit kaltem *Wasser* bedeckt langsam zum Kochen bringen (für 4 Personen etwa 2 Liter), außerdem 100 ml *Sojasauce*, 100 ml *Reiswein*, 2 EL *braunen Zucker*, 3 halbierte *Knoblauchzehen*, 3 *Zimtstangen* und 1 *Sternanis*. Etwa 1 Stunde langsam einkochen, dann passieren und nochmals abschmecken. 120 g *dünne Reisnudeln* kalt abspülen und zusammen mit dem Fleisch einige Minuten in der heißen Suppe garen, ganz zum Schluss fein geschnittene *Lauchstreifen* darüberstreuen.

STRUDELTEIGTASCHEN ⬥

GRÜNKOHLSALAT MIT GERÄUCHERTEM FISCH

Hier findet nicht nur der Grünkohl Verwendung, auf den an Weihnachten dann doch keiner richtig Lust hatte, sondern auch die letzten Grüße der ganzen Räucherlachsseite, oder die letzte Räucherforelle …

Gut 500 g *Grünkohl* gründlich waschen und von den Rippen abstreifen; in *Salzwasser* sehr kurz blanchieren und in der Salatschleuder sorgfältig trocken schleudern. Aus 1 TL *Dijonsenf*, 1 EL *Balsamessig*, *Meersalz* und frisch gemahlenem *schwarzen Pfeffer* mit 2 EL *Olivenöl* eine Vinaigrette rühren. 1 mittlere *Karotte* und 1 Scheibe *Knollensellerie* in Würfel schneiden und langsam in *Butter oder Öl* braten (optimal: *Entenfett*!), dann in derselben Pfanne Schwarzbrotwürfel zu Croûtons knusprig rösten. Grünkohl und Gemüsewürfel gründlich mit der Vinaigrette vermengen, *Räucherlachs* (oder -forellen, *Shrimps* …) in nicht zu kleinen Würfeln unterheben und mit den Croûtons bestreut anrichten.

STRUDELTEIGTASCHEN MIT ROTKOHL ODER SAUERKRAUT, WALNÜSSEN UND FLEISCH

Diese Taschen passen auch gut zu einer Kartoffelsuppe oder zu einem Salat.

2 Scheiben fertigen *Strudelteig* (aus dem Kühlregal) dünn mit zerlassener *Butter oder Öl* bestreichen, übereinander legen und in etwa 10 cm breite und 20 cm lange Streifen schneiden. Die (bereits fertig gekochten, kalten) *Krautreste* etwas ausdrücken und nach Belieben mit *Walnüssen*, *Korinthen* und klein geschnittenem *Fleisch* mischen und würzen. Von der Füllung jeweils 1 guten EL an ein Ende der Teigstreifen setzen, die Ränder mit etwas Wasser befeuchten und eine Ecke darüber zum Dreieck falten. Festdrücken, dann den Rest des Streifens immer weiter eng darumfalten und die Seiten festkleben. Die Taschen auf ein Blech

setzen, dünn mit zerlassener *Butter* bestreichen und im vorgeheizten Ofen bei 180 °C etwa 15 Minuten goldbraun backen. Natürlich lässt sich so auch Blätter- oder Hefeteig füllen.

Kurzgebratenes Fleisch mit Sellerie und Ananaschutney

So gut wie jedes gebratene oder gekochte Fleisch lässt sich so zu neuem Genuss erwecken.

Das Fleisch von 1 kleinen *Ananas* würfeln (etwa 500 g netto) und mit 100 ml *Apfelessig*, 1 TL *Salz*, 1 *Knoblauchzehe* in dünnen Scheiben, 1 TL grob zerstoßenem *schwarzen Pfeffer*, 2 EL *Olivenöl*, 2 *Zimtstangen*, 4 *Nelken*, dem Inhalt von 10 grünen *Kardamomkapseln* sowie 2 EL *Korinthen* und 150 g *hellem Rohrzucker* unter Rühren zum Ko-

❦ KURZGEBRATENES

chen bringen. Wie eine Konfitüre 1 Stunde leise kochen lassen. *Knollensellerie* in knapp 1 cm dicke Scheiben schneiden und sehr langsam in der Pfanne mit *Butter oder Olivenöl* goldbraun und weich braten, salzen, pfeffern und im Ofen warmhalten. *Bratenfleisch* ebenfalls in knapp 1 cm dicke Scheiben schneiden, leicht mit Salz und Pfeffer würzen, mit *Mehl* bestäuben und in *Butter* kurz mit etwas Farbe anbraten; mit Sellerie und Chutney servieren.

Fleisch, Rosenkohl und Kartoffeln mit scharf gewürzter Schokoladensauce im Fladenbrot

Das Fladenbrot ist kein Muss, man kann auch zusätzlich noch Süßkartoffeln im Ofen backen.

Etwa 30 g getrocknete *mexikanische Chilischoten* wie Anchos, Pasillas und Chipotles mit etwas *Öl* anrösten, dann 30 Minuten zusammen mit 50 g *Rosinen* in warmem *Wasser* einweichen. 2 *Knoblauchzehen* und 1 *Zwiebel* würfeln und in reichlich *Entenfett* glasig dünsten, zum Schluss 1 Handvoll geschälte *Erdnüsse* sowie 1 TL *Zimt*, ¼ TL *Nelke* (beides gemahlen) und etwas grob zerstoßenen *schwarzen Pfeffer* zugeben. Mit dem Fett, ½ TL *Salz* sowie den abgegossenen Chilis (die Stiele entfernen, nach Belieben auch einen Teil der Kerne) und Rosinen zusammen mit 3 EL *Tomatenmark* im Mixer pürieren. In einem Topf mit 125 ml *Geflügelfond oder Wasser* verdünnen und unter Rühren erwärmen, dann 45 g dunkle *Schokolade* (fein geraspelt, mindestens 80 % Kakaogehalt) unterziehen. 5 Minuten ganz leise köcheln lassen, dann abschme-

1 kleine *rote Zwiebel* in Würfeln, 2 gehackte *Knoblauchzehen*, 5 cm frische *Ingwerwurzel* in Würfeln, 1 TL *Kreuzkümmelsamen*, 1 TL *Koriandersamen* und 2 TL *Paprikapulver* mit 2 EL *Olivenöl* zu einer Paste mixen. 1 kleinen *Hokkaido-* oder *Butternutkürbis* in größeren Würfeln und 1 *rote Zwiebel* in Streifen mit der Gewürzpaste in einem Schmortopf mit etwas *Olivenöl* anbraten, sodass sich die Aromen entfalten, dann 1 kleine Dose *Schältomaten* und 300 ml *Brühe* oder *Wasser* zugeben. *Salzen* und zugedeckt 10 Minuten bei mittlerer Hitze auf dem Herd oder im Ofen garen. Gut durchmischen, das *Fleisch* in nicht zu kleinen Stücken sowie 8 halbierte *Datteln* untermischen und weitere 10 Minuten ohne Deckel garen, sodass die Sauce etwas reduziert. Dazu passen Reis oder Couscous.

⚜ FLEISCH MIT SCHOKOLADENSAUCE   WEIHNACHTSFLEISCH ❦

cken (Salz, eventuell *brauner Zucker*). Kleine gekochte *Pellkartoffeln* halbieren oder vierteln, zusammen mit dem (bereits gegarten) *Rosenkohl* mit etwas *Butter* im heißen Ofen erhitzen. Das klein geschnittene *Fleisch* mit *Zwiebelstreifen* sehr schnell in der Pfanne anbraten. *Fladenbrot* (Wraps, Yufka) ebenfalls kurz erwärmen, mit der Sauce bestreichen, mit Fleisch und Gemüse belegen und aufrollen.

WEIHNACHTSFLEISCH MIT DATTELN UND KÜRBIS

Mit dem leicht süßlichen Touch von Datteln und Kürbis harmonieren Enten- oder Gänsefleisch besonders gut.

REGISTER DER REZEPTE